AF237477

Über wahre Runen-Mysterien

Sonderheft Nr.: IX

Johannes H. von Hohenstätten

Mein Dank geht an Peter Windsheimer für das Design des Titelbildes. Des Weiteren an Ariane und Michael Sauter.

Für Schäden, die durch falsches Herangehen an die Übungen an Körper, Seele und Geist entstehen könnten, übernehmen Verlag und Autor keine Haftung.

Copyright © 2018 by Christof Uiberreiter Verlag
Waltrop-Germany

Herstellung und Verlag:
BoD – Books on Demand, Norderstedt.
ISBN: 9783752887150

Alle Rechte, auch die fotomechanische Wiedergabe (einschließlich Fotokopie oder der Speicherung auf elektronischen Systemen), vorbehalten. All rights reserved.

Inhaltsangabe:

Vorwort:

Diese neunte Ausgabe meiner Sonderheft-Reihe „Über wahre Runen-Mysterien" wird die letzte Ausgabe sein, denn ich habe die Zahl Neun erreicht, die Zahl des Rhythmus und der Vollendung, die Zahl des Futhorks, denn 2 x 9 ist 18. Das heißt aber nicht, dass ich die Beschreibung der Runen-Mysterien beendet habe, denn es gibt noch sehr viel darüber zu berichten. Nur wird dies alles in der neuen Zeitschrift „Von öst-westlichen Runen-Mysterien – Hermetische Runen-Zeitschrift nach den Lehren von Franz Bardon" fortgesetzt.

Alaf Sig Runa

1. Gertrudenberger Höhlen in Osnabrück:
Ignatzius

Von den Runenhöhlen, die es in Osnabrück gibt, und zwar am Gertrudenberg, habe ich in Marbys „Runenbücherei" Ausgabe 7/8 vor paar Jahren gelesen. Es handelt sich nämlich um Höhlen zum Praktizieren der Runen! Ich habe damals angefangen zu recherchieren und stieß auf ein Verein, der sich mit diesen Höhlen als Kulturerbe beschäftigte. Leider musste ich sehen, dass es so wie überall auch hier versucht wird, die Germanengeschichte zu zerstören und zwar mit Zementschlämme. D. h., irgendeine Behörde wollte die ganzen Höhlen zuschütten lassen, weil sie angeblich einsturzgefährdet waren. Ein Verein hat dagegen gekämpft und eine Petition gestartet, die ich auch unterschrieben habe. Dieser Verein war erfolgreich und die Zerstörung der Höhlen konnte man abwenden, aber der Zugang zu den Höhlen war für alle untersagt. Nach langem Kampf konnte man den Bürgermeister soweit bringen, dass der Zugang zu den Höhlen freigegeben worden ist, zwar befristet, aber das ist nur der Anfang. Und nun war ich dort und konnte mir alles ansehen. Ich habe noch einige Bekannte mitgenommen und wir haben jede Menge Fotos gemacht.

Der Leiter dieser Führung hat einiges Interessantes zu diesen Höhlen erzählt, das ich stichwortartig niedergeschrieben habe:

- Es sind Kalksteinhöhlen und dieser Kalkstein ist etwa 200 Millionen Jahre alt. Dadurch, das er sehr stark zusammengepresst wurde, gibt es leider keine Fossilien im Kalkstein. Aber durch diesen Druck ist er zum hochqualitativen Kalkstein geworden.
- Die Höhlen sind sehr alt und haben eine lange Geschichte erlebt. Vor Jahrhunderten hat man dort Kalkstein abgebaut und später hat man die entstandenen freien Plätze als Lagerflächen einer naheliegenden Brauerei benutzt. Im Mittelalter war das ein Obstlager für Nonnen, die in der Nähe ein Kloster hatten. Da der Osnabrücker Bischof zu gierig wurde, weil diese Frauen ihn angeblich finanziell hintergingen, lies er diese Frauen als Hexen anklagen, verbrennen und auch das Kloster wurde vernichtet.
- Im Mittelalter hat man mit der Wassersprengmethode diese Kalksteine abgebaut, das dauerte pro Stein einige Wochen!
- Im 2. Weltkrieg hat man diese Höhlen als Luftschutzbunker ausgebaut, mit Toiletten aber auch Sanitätsstation und

Sanitäranlagen, auch ein Kreißsaal wurde dort eingerichtet, das war das sogenannte „weiße Zimmer". Aus hygienischen Gründen hat man es weiß gestrichen.
Insgesamt hatte man im Bunker Platz für über 4000 Menschen!

– Die Osnabrücker Höhlen gehören zu fünf Höhlen weltweit mit sogenannten Phantomcases. Das sind Höhlenabschnitte, die auf eine besondere Art und Weise entstanden sind. Das Besondere aber in Osnabrück ist, dass diese Höhlen sehr nahe an der Oberfläche sind.

– Die Osnabrücker Höhlen gehören zum Kulturgut, aber der Umgang mit den Höhlen der zuständigen Behörde ist sehr suspekt und zerstörerisch.

– Diese Höhlen gehen noch vor die Römerzeit zurück.

– Einige wenige Menschen in Osnabrück in sehr hohen Positionen versuchen systematisch das Eintreten in diese Höhlen zu unterbinden. Interessant ist, dass einer der Gegner dieser Höhlen, auch direkt am Eingang zur Höhle eine riesige Villa hat, direkt am Bürgerpark …

– Der Bürgerpark, der oberhalb der Höhlen ist, war der erste Bürgerpark überhaupt in Europa, der extra für die Bürger der Stadt gemacht worden ist. Das hat man Napoléon zu verdanken.

– Die Höhlen haben eine sehr gute Luft, die sauberer ist, als die Luft draußen. Die Luftfeuchtigkeit ist etwa bei 90 %. Die Temperatur etwa 8°.

– Wenn man die Zementschlämme für die Auffüllung der Höhlen verwendet, dann muss dieser Zement mit Asche vermischt werden, um die Durchlässigkeit des Wassers zu garantieren. Die Zementschlämme, die jetzt in den Höhlen liegt, die die zuständige Behörde verwendet hat, ist sehr stark mit Gift belastet. So konnte man Arsen aber auch Schwermetalle finden. D. h., die Asche war nicht rein, sondern irgendein Müll, vielleicht Asche aus einer Müllverbrennungsanlage? Dieser ganze Mist ist Giftmüll und das im Grundwassergebiet mitten in der Stadt! Absolut kriminell! Jetzt muss man den ganzen Schutt und diese Zementschlämme abbauen und als Sondermüll entsorgen. Das wird Millionen kosten. Das Konzept aber ist schon lange ausgearbeitet und umsätzungsbereit. Wenn das alles klappt und wir es schaffen, dann hat man vor, später alles soweit auszuarbeiten, dass man auch Grundschulkinder auf

6

ein Exkurs einladen kann. Einige Höhlenabschnitte eignen sich sehr gut als Museum oder etwas ähnliches.

So jetzt zu den Fotos, die ich aus finanziellen Gründen leider in schwarz-weiß veröffentlichen muss:

Gertrudenberger Kirche

Osnabrücker Dom

Blick von der Kirche nach Osnabrück

9

Eingang zu den Höhlen:

11

Der Bunkerbereich

Sanitäranlagen im Bunkerbereich

13

WC aus dem 2 Weltkrieg immer noch erhalten. Die Extremente vernichtete man mit Torf.

Auf dem Boden sieht man sehr gut die Zementschlämme

Links sieht man sehr gut die Stromleitungen aus dem 2 Weltkrieg

Ausgang zur Brauerei

Die anliegenden Höhlen

17

18

Es war eine sehr interessante Erfahrung für mich, das mit eigenen Augen zu sehen, worüber F. B. Marby in seiner Runenbücherei 7/8 geschrieben hat. Ich bin wirklich gespannt, wie sich die ganze Sache entwickelt und bin absolut zuversichtlich, dass irgendwann wieder die Zeit kommen wird, wo man diese Höhlen wieder nicht nur als Lager nutzen wird, sondern für einen höheren Zweck – zur Einweihung in die Runenmysterien.

2. Heilige Bäume
Zusammengestellt von Pagan

Die Magie führt das Tragen eine Stückchens Eibenholzes als bestes und sicherstes Mittel gegen jedwede Bezauberung an. Dementsprechend werden in manchen Gegenden Südeuropas den Kindern heute noch kleine, aus Eibenholz geschnittene Kreuze als Amulett gegen Bezauberung um den Hals gelegt. Das funktioniert aber nur, wenn man die entsprechenden Götter oder göttlichen Eigenschaften in Form von Runen in das Holz ritzt, denn dann kommt erst das wahre Leben hinzu!

Durch die Wiederbelebung der heidnischen Naturreligionen wurde das Interesse an den Baumkulten geweckt, die zu den ältesten religiösen Praktiken der Erdmutter in Europa gehören. Der Baum ist gleichsam der Vertreter der Mutter Erde, die als Gottheit verehrt wurde. Durch sein Wurzelwerk steht der Baum in Verbindung mit dem Reich der Erdgöttin. Reste dieses Kultes finden sich in der Mythologie der Griechen, Germanen und Kelten. Im prähistorischen Kreta wurden Bäume als Erscheinung der Götter verehrt. Der thessalische König Erysichthon wurde nach der Sage von der Göttin Demeter getötet, als er die heilige Eiche fällen ließ. Zeus war die Eiche, Athena der Olivenbaum, Apollo der Lorbeer, Dionysos die Platane und Aphrodite die Myrte heilig. Der römische Schriftsteller Tacitus berichtet in seiner „Germania": Die Germanen verehren Haine und Wälder. Eine besondere Rolle spielte die große Esche Yggdrasil, an dem sich Odin neun Nächte aufhängt, um das Wissen der Runen zu bekommen. Die Bäume sind auch Träger mantischer Fähigkeiten. In Island ritzte man Zeichen in eine Rottanne und erhielt wahrsagende Träume, wenn man unter diesem Baum schlief. Eine andere Geschichte belegt die Kraft des Baumes: Ein Kind ist schwer krank. Es wird Winter. Aus dem Fenster heraus sieht es einen Baum, an dem die Blätter immer weniger werden. Der Zustand des Kindes wird immer kritischer, die entscheidende Nacht naht. Es ist nur noch ein Blatt am Baum. Das Kind denkt sich: Wenn das Blatt morgen früh noch am Baum ist, werde ich wieder gesund. Das Blatt ist noch da, das Kind wird wieder gesund. Im Nachhinein stellt sich heraus, dass das Blatt nicht mehr da war und es nur von einem alten Maler an die Wand gemalt worden ist mit der Bitte um Hilfe. Und der Baum half! Berühmt war die Eiche im Zeusheiligtum von Dodona in Epirus, das als das älteste Orakel in Griechenland galt. Den Bäumen werden vielerorts ebenfalls Heilkräfte zugeschrieben, besonders in Frankreich und Deutschland. Ein Kranker schlüpft durch einen gespaltenen Baum und streift auf diese Weise sein Leiden ab. Dieser Baumkultus wurde noch lange nach der Christianisierung – in Bayern noch 1594 – als eine Form der Klein- oder Dorfmagie praktiziert. Die christlichen Missionare führten einen erbitterten Kampf gegen diese Überreste der heidnischen Religion. In den Beichtbüchern des Mittelalters ist von dem „Anbeten der Bäume", „Kult gegenüber Bäumen", „Glaube an geheime und zukunftsdeutende Kräfte der Bäume oft die Rede." So steht es im „Lexikon der Esoterik"!

In die symbolträchtige Eiche wurde vor vielen Jahrhunderten die Gottheit gezogen als sein irdisches Ebenbild. Sie wurde für Rituale und für soziale Verhältnisse genutzt in alter Zeit. Dann verkam der Glaube und sie wurde als Ort des Gerichtes verwendet, weil das richtige Urteil eingegeben vom Gott Wodan verhängt wurde. Sie hieß früher „Ravenbaum", eine Anspielung auf die beiden Raben von Wotan, welche die Gedanken verkörpern. Somit wurde dieser Gott angerufen, sie stellt ihn dar, beschützt die Menschen unter seinen Ästen, denn er symbolisiert auch den Lebensbaum. Er verwirklicht den Ritus durch seine Präsenz und die Runen, die man unterhalb seiner Äste sang, kamen besser zur Auswirkung. Selbst ein Bischof, der über dieses Geheimnis wusste, aß unterhalb des mächtigen Baumes, um seinen Einfluss sich einzuverleiben.

Diese Eiche, von der ich spreche, heißt Femeiche, wurde früher Rabenseiche, Ravenseiche oder Erler Eiche genannt, und liegt in Erle (NRW) im nordrhein-westfälischen Kreis Borken. Ihr Alter liegt zwischen 600 und 850 Jahren und ist eine der ältesten Eichen Deutschlands. Die Stieleiche steht in der Nähe einer Pfarrkirche. Unter der Eiche wurden nachweislich bis zum 16. Jahrhundert Femegerichte abgehalten. Sie gilt als der älteste und bekannteste Gerichtsbaum in Mitteleuropa. Seit über 100 Jahren ist die durch Blitzeinschläge, Stürme, Einflüsse des Menschen und ihr hohes Alter gezeichnete Eiche als Naturdenkmal eingetragen. Der Stamm ist seit etwa 250 Jahren hohl und besteht nur noch aus Splintholz. Die Stammhülle, die von Stangen zusammengehalten wird, umschließt einen Hohlraum mit einem Durchmesser von beinahe drei Metern.

Der Ort Erle liegt am Rande des Westmünsterlands, auf der Schwelle vom fränkischen Rheinland zum sächsischen Hamaland, in einer typischen Heidelandschaft innerhalb des Naturparks Hohe Mark-Westmünsterland, drei Kilometer südöstlich von Raesfeld an der Bundesstraße 224, nicht unweit des gleichnamigen Schloss eines Nekromanten, worüber wir

anderen Ortes bereits berichtet haben. Die Eiche steht südwestlich der Ortsmitte am Rande eines Neubaugebietes direkt neben dem ältesten Haus von Erle, dem alten Pastorat, auf etwa 60 m Höhe über Normalnull.
Zu germanischer Zeit galt sie als Thingplatz, zur Verehrung der Götter. Später verkam sie zur Gerichtsstätte, da der gerechte Einfluss der Götter dort vorherrschte. Nach einer Sage saß der Gott Odin selbst als Richter unter der Eiche, seine beiden Raben, Hugin und Munin, hockten in den Zweigen des Baumes.

Foto der Fem-Eiche von Pagan

3. Das Julfest
Pagan

Nun, nach all den Jahren wurde mir mein Wunsch erfüllt. Jetzt erst, nach all dieser Zeit, darf ich mein Leben nach den Göttern ausrichten.

Vor Jahren schrieb ich Ariane in einer bestimmten Situation einen Brief, gefüllt mit vielen Verständnisfragen bezüglich des „Nordischen" Glaubens, der Runen und wie es sich mit bestimmten Göttern verhält. Mein Brief wurde mir in einer Art und Weise beantwortet, wie ich es nie für möglich gehalten hätte. Das allein zu erfahren, ist eine tiefe Erfüllung. Kurzum, sie sagte, es ist unsere Kultur und dessen Gut. Ich möchte euch die Situation nicht vorenthalten und habe den Text weiter unten niedergeschrieben. Wahrscheinlich musste alles genauso kommen, damit ich jetzt in dieser Form euch davon berichten kann. Es fühlt sich nicht falsch an, darüber zu schreiben. Selbst jetzt beim Schreiben muss ich darüber schmunzeln und ein wohliger Schauer überkommt mich.

Zurück zum Eigentlichen: Von Tag zu Tag erfahre ich durch die Runenpraxis mehr über mich bzw. erlebe die Runen im „Raunen" und in der jeweiligen Stellung. Das äußert sich im Erleben von bestimmten Ideen, Eingebungen von Gefühlen bis hin zum Erleben von tatsächlichen Zuständen, also Dinge, welche mir zuvor allein durch die hermetische Praxis unbekannt waren. Das „magische" hermetische Leben ist mit den germanischen System nicht im Geringsten zu vergleichen.

Zum Beispiel möchte ich jetzt sagen, dass meine Tage jetzt wesentlich strukturierter gestaltet sind, was nicht allein durch meine Disziplin zu erklären ist, sondern durch die Gunst der Wesenheit, welche hinter der Rune steht. All dies lässt sich nicht allein auf die Vorgehensweise der Runen-Exerzitien reduzieren. Ich verdanke also diese Umsetzung des „Rhythmus" dem Wesen, dem Gott Ra, der Rit-Rune. Ich habe sie jetzt fast 9 Monate lang hindurch

- 2 x täglich, also morgens und abends, praktiziert;
- auf einem Fell stehend, wie Gott mich schuf;
- vor meinem Altar mit dem jeweiligen Singen der Havamal-Strophe und raunen der Rune praktiziert;
- mit Glöckchen und entsprechenden farbigen Kerzen die Runenübung initiiert;

- dazu die alltäglich wechselnden Verehrungen in Form von Morgen- und Abendweihe bzw. Gebete und dem jeweiligen Verhalten bzw. mit den analogen Meditationen durchgeführt;
- bis hin zu der Auswahl der Speisen/Speiseopfer (kein Fleisch), Trankopfer (Weine z. B. Met) für den jeweiligen Gott des Tages praktiziert;
- zudem lasse ich jetzt noch zusätzlich die Übungen aus dem Adepten einfließen.

Anhand dieses Praxis-Berichtes möchte ich euch Mut zusprechen und euch auch gleichwohl auffordern, wieder im Einklang mit unseren Göttern zu leben. Denn wer mit den Göttern lebt, erlebt, erfährt somit am eigenen Leib seine Kultur. Die Güter aus dieser wechselnden Beziehung mit den Göttern ist Heilung.

Ausgehend von dem Wesen der Rit-Rune und von dem Bericht des Jul-Festes: „Dem Sonnenwende Fest, Altgermanische Weihnachtsbräuche" von S.A.K – Über wahre Runenmysterien. Band I S.72. ff. – fiel es mir wie Schuppen von den Augen, jene Feste wieder durchpraktizieren, zu beleben und somit erfahrbar und für uns wieder nutzbar zu machen. Denn ... wenn schon ein jeder (all) Tag der Woche einem bestimmten unserer Götter und einen spezifischen Aspekt geweiht einhergeht und steht, wie verhält es sich dann mit den großen Feiertagen wie Bspw. dem Weihnachtsfest – besser gesagt unserem Jul-Fest?

So wie ich herausgefunden habe, orientierten sich unsere Ahnen (Priester, besser: Seidrmen) nicht nur am Sonnenkalender, sondern auch an einem Mondkalender. Die jeweilige Differenz der Tage zwischen dem Sonnen und Mondkalender nannten unsere Ahnen die 12 Raunächte.

Man nennt es die zeitlose Zeit. Die Uihinaht (Weihe-Nacht) sollte eigentlich am 21. 12 sein. Das christliche „Fest" orientierte sich wie bei allen anderen Festen auch an dem Germanischen. Es wurde einfach übergestülpt. Was das für unsere Glaubenskultur in Folge für jeden Einzelnen bis heute bedeutet, ist klar. So wurde das „Weihnachtsfest" um drei Tage vorverlegt und am 6. Januar (Hartung) findet man den Dreikönigstag (die Heiligen Drei Könige), was ebenfalls Bezug nimmt auf die wahre und rechtmäßige Analogie zur Trinität von Odin-Hönir-Loki.

Ab dem 21.12 gelten also die Raunächte. Es gibt vielerlei Vermutungen, warum diese Nächte gerade so heißen. Der für mich plausibelste Grund ist folgender: In gerade dieser Jahreszeit wehen insbesondere stürmische Winde. So wie wir es auch in diesem Jahr wieder erleben durften und auch wieder werden. Somit wurden diese Nächte als rau, kalt und windig erlebt. Es heißt, dass in den 12 Nächten Odin-Wuotan-Allvater (er hat viele Namen – vgl. die Edda!) selbst in seinem Wagen auf der Jagt wäre. So entstehen die Stürme in jener Jahreszeit. Sein Gefolge sind in dem Sinn seine dienstbaren mächtigen „Geister". In Anlehnung an die magische *Evokation* behaupte ich, dass es mindestens 72 sind.

In dieser Nacht sollte man bestimmte Dinge tun und auch manches unterlassen. Hermetisch wichtig ist aber folgendes … und zwar behalten wir im Hinterkopf einfach das Mondjahr und deren immense Bedeutung. Nicht nur die passive Bedeutung und Weiblichkeit des Mondes, auch die vier (4) *things* (Treffen) in einem Jahr jeweils zum 10. des Monats, welche einem der vier Elemente-Fürsten unterstanden, sondern vielmehr die wahrhaft magnetische Anziehungskraft in einem Fest der Lichtweihe, welche elektromagnetisch ist. Hinter der Auferstehung Baldurs-Balders steckt offenbar ein Wunsch. Vergleiche bitte hierzu das Begräbnis des Balders. Dieser bekam von Odin den Ring Draupnir, welcher hier das Symbol der Ewigkeit, Göttlichkeit als auch Einheit und vor allem hier Sinnbild diesen wiederkehrenden Rhythmus ist, somit auch die Wunschkraft, welche immer in dieser Zeit in uns erweckt wird. Dies wird durch das Tun Lokis vollbracht, welcher für die irdische Entwicklung zuständig ist, dessen Schöpfer er nach der germanischen Trinität darstellt. Das, was noch halbwegs dem degenerierten umgestalteten Weihnachtsfest anhaftet, ist materiell, also pervertiert in Konsum, der Wunsch nach „Dingen", d. h., von Gott getrennte sein, dem Zustand der sogenannten „Syn", das Leben in Abkehr von den Göttern. Ein Verhalten, das den Menschen beschreibt, welcher von den Göttern abgewandt lebt und handelt. Ziehe vergleiche zu den „Sünden" und man erkennt sofort, zu was dieser Zustand benutzt wurde und wer dann abgeleitet von dem, einen Sünden-Katalog erstellte, um uns zu Knechten, um noch mehr Macht zu erlangen, um uns noch weiter von den Göttern fort zu führen. Der Zustand der „Syn" ist zwar ein andauernder, aber keinesfalls ein permanenter, in einer ununterbrochenen Folge bestehender.

Der Wunsch also sich selbst in seinen Eigenschaften zu verwandeln (Charakterveredelung – Seelenspiegel nach Bardon) ist demnach in hohem Maße mental und erfährt erst dann seine vollkommene Ganzheit im Bewusstsein des zielorientierten, göttlichen Erreichenwollens und fortwährenden Kampfes, dem „Streben" und „Halten" und „Umsetzen"! So wie es die „Germanen", oder besser gesagt, die geistig reinen Menschen (egal welcher Herkunft) machten. Dies gipfelt nur noch in der Gottverbundenheit. Das bedeutet: Wer erkennt, kann sich mental neu ausrichten. Streben ist erkennen und anerkennen. Somit hat allein der Wunsch schon automatisch eine höhere Qualität. Das „Halten" ist dem Glauben analog und wird materiell durch unser Tun, sprich dem „Umsetzen" wahr. Wenn ich an den Gesetz festhalte, glaube ich doch auch dem Wort von Christus, ich „halte" mich daran fest, ich glaube seinem Wort, dem Wort Gottes.

In der letzten Rau-Nacht wird Freya verehrt. Ihren Charakter hat das Märchen Frau Holle-Hold-Hehl-Verhehlen scheinbar erhalten. Auch scheint die Göttin Hel ihren Namen davon erhalten zu haben. So sind einige Attribute dieser Göttin wegweisend, polar etc. Wie bekannt wird der Fleißige belohnt und der Faule bestraft. Die beiden führen den Namen Goldmarie und Pechmarie.

Göttin Freya mag es nicht, wenn man faul und unnütz in den Tag lebt. Die Mädchen stehen deswegen am Ende der langen Arbeit unter dem „Bogen" und erhalten ihre Belohnung für ihr Tun. Wie es für die beiden endet, setze ich einfach als bekannt voraus. Zudem ist es stellvertretend als Symbol für den Menschen, welcher den hermetischen Weg geht. Und hervorheben mag ich noch, wie sehr Goldmarie ihren Charakter wandelt, sie gern die Aufgaben von Frau Holle ausführt und auch dann gern Zeit mit ihr verbringt. Sind dass nicht einfach veranschaulicht schöne Eckpunkte göttlich-menschlicher Beziehung?

Das ganze Jahr hindurch, besonders an Freitagen sollte man fleißig sein. Alles mit Liebe machen. Der erste Freitag im neuen Monat galt oder gilt immer noch als Herz Jesu Freitag, zu welchen man Fisch bei den Katholiken aß. Ein Überbleibsel, welches unter anderem an dem Magnetismus erinnern soll. Aber selbst das ist fast vergessen.

Nun, in den 12 Nächten soll man genau genommen ein wenig anders sein, denn wenn man das ganze Jahr hindurch tüchtig (Tugend–haft ist), sollte man in dieser Zeit alle Arbeit niederlegen, Zeit mit seiner Familie verbringen, entspannen und ausruhen, Spiele machen, sich erholen. Alles aktive – gleichsam wie der Winter – herunterfahren. Aber *Sie* will auch, dass wir in unser Wesen schauen. Dafür dient die Ruhe! Wir sollen Rückschau halten. Alles, was nicht zur Jul gehört, sollte fallengelassen werden. Alle Gedanken und Eigenschaften, welche schädlich und schlecht sind, welche die Harmonie stören, wird von Odin mit seinem Gefolge für immer fortgetragen! Jul gilt hier als Wegweiser zur charakterlichen

Einstellung „Licht" in unser Dunkel zu bringen. Für uns heißt das nicht nur Introspektion, sondern wie auch nun offensichtlich, eine unglaubliche Hilfe!

Jeden Tag zu den Nächten dachte ich über bestimmte mir eigene Eigenschaft nach, welche ich nicht haben möchte oder umwandeln müsste. Diese gab ich Odin und seinem Gefolge mit. Ich habe es plastisch in Gedanken und Erinnerungen getan. Unterstützt habe ich all dies mit geweihten Kuchen. Ich habe mich ebenfalls an dem Stollengebäck orientiert und auch da herausgefunden, dass dieser nicht nur dem Jesus Kind nachempfunden wurde, sondern auch dem der Is-Rune. So nehmen wir quasi durch bewusstes Essen diese Rune in uns auf. Ich habe Stollen gebacken und als Füllung Mohn verwendet. Es ist klar, dass ich den Kuchen auch geweiht habe. Diese „Macht" hat jeder Mensch, umso mehr er durch die Runen mit den Göttern lebt. Nach dem Verzehren des Kuchens sollte man sich zu Bett legen. Die Träume, welche man in der Nacht erlebt, stehen für das kommende Jahr. Bleigießen oder andere Bräuche, um in die Zukunft schauen zu wollen, scheinen unter anderem in diesem ihrem Ursprung zu haben. Wir wissen auch, welcher Gott ein Auge dafür hergab! Den Weihnachtsbaum wählte ich nach einem bestimmten Gesichtspunkt. Mir sagte Johannes, wenn man von oben auf den Baum schaut, ergibt es die sechs (6) Arme der Hagal-Rune. Am Ende des Festes schneidet der „Hausvater", man meint wahrscheinlich den verbunden Zustand als auch den Hausmann-Ehemann-Partner, diesen „Quirl" ab und wickelt ihn in einem Tuch. Diesen übergibt der Hausvater seiner Partnerin mit feierlichen Segenswünschen! Fortan darf dieser Quirl nicht mehr von Männerhand berührt werden, was vielleicht wegen dem Magnetismus/Wunschkraft herrühren kann. Die Frau des Hauses hängt diesen dann an dem höchsten Punkt des Hauses, z. B. an den Dachgiebel, ein Symbol der Ar-Rune, auf. Zu Beginn des neuen Festes wird dieser dann mit einem Dank-Gebet verbrannt.

Nun, ich habe all das praktiziert und wurde von meiner Familie unterstützt, und ich muss sagen, dass dies für mich das erste „Weihnachten" war, was ich erlebt habe, im Einklang mit den Göttern. Natürlich erhebt dieser kleine Bericht keinen Anspruch auf Vollständigkeit.

Momentan ist dies, wie ich finde, das wichtigste Fest für uns. Alle anderen werde ich ebenfalls durch praktizieren und ergründen und in mein Leben re-integrieren. Ich denke, dass ich das mithilfe der Rit-Rune zustande bringen könnte. Ich würde es so sehr begrüßen und mir wünschen wollen, dass wir all das nach und nach aus der Versenkung herausholen. Weil, wie gesagt, wenn die All-Tage jene wichtige Bedeutung und Tragweite innehaben, welchen ungeahnten Sinn liegt dann in den nicht ausgelebten Tagen inne, die noch im Verborgenen ruhen. Vieles ist erst durch Ausüben erfahrbar. Somit auch dieser Bericht. Wenn ich träumen darf, was ich mir noch wünschen würde, was geschieht mit uns und unserer Kultur, wenn wir uns der „Syn" (Sünde) abwenden und unsere liebenden Göttern wieder einladen, ein wesentlicher Teil von unserem Leben zu werden?

*

So, nun zu dem oben erwähnten Erlebnis: Ich war damals sehr krank, das Telefon war nicht zu benutzen, und ich war quasi ans Bett gefesselt. Und so schrieb ich diesen Brief mit all meinen Fragen über die Götter. Als ich ihn fertig geschrieben hatte, dachte ich nur, wie ich ihn nun Ariane zukommen lassen könnte. Auch hatte ich ihr, als ich dort lag, aus Holzperlen und einem kleinen geschnitzten Holz-Kreuz einen „Rosenkranz", besser gesagt, ein kleines schmuckes Armband gefertigt. Das gab ich mit in den Brief hinein. Nur war noch die Frage, wie ich ihr das doch bloß zukommen lassen könnte. Urplötzlich klopfte es an meiner Wohnzimmertür. Was damals nicht sonderbar war, weil bei mir der Treffpunkt von Vielen war. Ich stand auf und schleppte mich zur Tür. Chris stand dort, unerwartet vor meiner Tür, denn unsere Freundschaft war an jenem Punkt schon zerrüttet. Er lebte damals bei dem Sohn der Magier-Familie.

Ich: „Hallo. Ich habe gerade noch gedacht, wie ich Ariane den Brief geben könnte und jetzt stehst du vor meiner Tür! Hier, nimm ihn bitte mit, wenn du wieder gehst!" (In der Biographie „Allzu Unmenschliches" kommt dieselbe Person vor, namens Chris).

„Ähhh. Ja. Hallo. Du, ich soll dir auch einen klärenden Brief von Ariane geben! Sie hatte schon versucht, dich anzurufen, aber euer Telefon ist ja …".

Ich nickte nur. Ungläubig nahm ich ihren Brief mit den bereits schon geschriebenen Antworten entgegen. Ich sagte: „Was für ein Zufall!"

Chris lachte verwirrt und schüttelte den Kopf: „Jaaa …", lachte er: „Ich wunder mich hier über rein gar nichts mehr!" Dann nahm er den Brief für Ariane, steckte ihn in seinem kleinen Rucksack und verschwand lächelnd wieder …

4. Die Lautmagie der jüdische Quabbalah
Hohenstätten

Ich habe es mir zu Aufgabe gemacht, mich mit der Quabbalah der Juden eingehend auseinander zusetzen. All dies, was ich hier niederlege, hat Erich Bischoff in seinen Schriften über die Schöpfersprache Anfang des 20. Jahrhunderts zusammengetragen. Ich besorgte mir all seine Bücher und noch einige mehr, um mein Studium durchzuführen. Des Weiteren habe ich den kompletten Sohar in meiner Sammlung, sodass ich all dies hier Geschriebene belegen kann. In folgenden Bücher findet der Leser meine Darstellungen vertreten:

- Bischoff – Babylonisch-Astrales – im Weltbilde des Talumd und Midrasch
- Bischoff – Die Elemente der Kabbala Teil 1+2
- Bischoff – Wunder der Kabbala
- Bischoff – Die Kabbalah – Einführung in die jüdische Mystik
- Bischoff – Das Buch vom Schulchan aruch
- Blau – Das altjüdische Zauberwesen
- Sefer Jezirah
- Der babylonische Talmud – 12 Bände
- Die Mischna
- Das Buch Bahir
- G. Scholem – Sämtliche Werke
- Knorr von Rosenroth – Aesch Mezareph
- Buchmann-Naga – Schlüssel zu den 72 Gottesnamen der Kabbala
- Fortune – Die mystische Kabbala
- Liebenfels – Arithosophikon 1-3
- Jellinek – Geschichte der Kabbala
- Jellinek – Midrasch
- Jellinek – Auswahl kabbalistischer Mantik
- Jellinek – Philosophie und Kabbala
- Reichstein – Praktisches Lehrbuch der Kabbala
- Langer – Die Erotik der Kabbala
- Bloch – Die Kabbala auf ihren Höhepunkt

- Ahrens – Hebräische Amulette mit mag. Zahlenquadraten
- Jochai – Aus dem heiligen Buche Sohar
- Misses – Jüdische Geheimlehre 1-2
- Kolb – Die Offenbarungen
- Müller – Der Sohar und seine Lehre
- Papus – Die Kabbala
- Frank – Die Kabbalah
- Buber – Baal-Schem
- Buber – Jüdische Bewegung 1-2
- Brafmann – Das Buch vom Kahal 1-2
- Günzig – Die Wundermänner
- Ortag – Jüdische Kultur
- Benedikt – Die Kabbala 1-2
- Brecher – Magie und magische Heilarten im Talumd
- Grötzinger – Jüdisches Denken

Aber speziell habe ich mich auf die Grundlagenwerke wie das Sefer Sohar gestützt (komplett ca. 3000 Seiten pdf) und den 12-bändigen Talmud. Denn hier befinden sich die Quellen, die durch nichts ersetzt werden können. Doch dazu später mehr.

Die Analogien zur Lautmagie (Quabbalah) von Franz Bardon:

Selbst im alchemistischen Buch von Knorr von Rosenroth „Aesch Mezareph" bezieht sich der Autor auf die Quabbalah und deren 10 Sephiroth in analoger Weise. Er behauptet sogar, dass das „Rätsel, die Heilkräfte und den Reichtum zu bekommen, ganz nah ist, doch für den, dem die Weisheit und das reine Herz fehlt, dem bleibt das Geheimnis auf immer verschlossen." (S.5) Denn (S.8): „Aber sei gewiss, die Geheimnisse der Weisheit unterscheiden sich nicht von den hohen Geheimnissen der Kabbala." Knorr von Rosenroth verwendet alle Symbole der Alchemie und erklärt sie analog dem quabbalitischen Lebensbaum, welcher ja den Körper des Adam Kadmon entspricht. So sind die 7 Metalle, die 7 Elemente, die 7 Farben den 7 Sephiroth analog, welche mit Hilfe der 22 Buchstaben (Runen) aufgeschlüsselt werden können. Damit gleicht er sich der hermetischen Philosophie des Orden der Goldenen Dämmerung und der kleinen Schrift von Seila Orienta über Alchemie an. Denn der Ausdruck

Kabbalah bedeutet: Überlieferung im Sinne der traditionellen Geheimlehre. An dieser Stelle möchte ich für diejenigen Leser, die mit diesem äußerst schwer verständlichen Zweig des Okkultismus noch nicht vertraut sind, einige Zeilen aus dem vorzüglichen Sammelwerk von Papus „Die Kabbala" anführen, die in gedrängter Kürze eine kleine Richtschnur geben sollen:

„Die praktische Kabbala beruht auf folgender Theorie. Die hebräischen Buchstaben entsprechen ganz genau den göttlichen Gesetzen, die die Welt gebildet haben. Jeder Buchstabe (Rune) vertritt ein hieroglyphisches Wesen, eine Idee und eine Zahl. Diese Buchstaben kombinieren heißt die Gesetze oder die wesentlichen Prinzipien der Schöpfung erkennen.

Dieses System von 22 Buchstaben, die der göttlichen Trinität, den 12 Zeichen des Tierkreises und den 7 Planeten entsprechen (3+12+7=22), entwickelt sich in 10 Kategorien, die die 10 Sephirot sind. Dieses System, mit dem die Lehren des Pythagoras vielfach Verwandtschaft zeigen, hat Eliphas Levi in treffender Weise charakterisiert.

Wir zitieren hier nur die Meister der geistigen Wissenschaft, weil es uns nicht erlaubt ist, mehr als einige allgemeine Grundsätze zu geben – wir wollen nur einen Überblick über diese Wissenschaft geben, die viel schwieriger und komplizierter ist, als man gewöhnlich glaubt.

Als Beweis mögen die folgenden Zeilen dienen, die wir einem der bedeutendsten neueren Kabbalisten entlehnen: „Es gibt zwei Arten der Kabbala und ich muss mit besonderem Nachdruck auf den Unterschied zwischen ihnen verweisen.

Die eine, die Kabbala des Buchstabens, ist die, die alle Philologen kennen, die manche analysiert und klassifiziert haben. Sie ist es, die sich noch nach dem Tode der wahren Wissenschaft erhält, während diese einem Gerippe gleicht, das unter dem furchtbaren Wust der talmudistischen Studien begraben ist.

Es gibt keinen Rabbiner, so unwissend er auch sein mag, der nicht einige Brocken davon kennen würde, von dieser Kabbala, die sich auf Zauber-talismanen befindet, auf Pergamentamuletten der Juden usw.

Diese Kabbala hatte ein wirkliches Leben nur durch die Ideen, die sie zum Ausdruck brachte, und von Alters her, zur Zeit der Entstehung des Zohar, und selbst in der Epoche der neueren Kabbalistik im 17. Jahrhundert, war sie nur das Ausdrucksmittel einer besonderen und schwer fassbaren Mystik, die ihre eigene Sprache und ihre eigenen Symbole hatte.

Diejenigen, die die Bücher des Zohar, die kabbalistischen Traktate aller Epochen studiert haben, wissen, welche Geduld, welche Bemühungen nötig sind, zunächst nur, um in den Sinn der Symbole einzudringen und um ihren Ursprung festzustellen, dann aber auch, um bei ihren Zusammenstellungen den Erklärungen zu folgen, die die weisen Kabbalisten gegeben haben.

Einige wenige Gelehrte unter den Juden, einige auserwählte Geister besitzen diese Wissenschaft, deren Studium so lange Zeit beansprucht und schwieriger ist als das Wronskis, die weitläufiger ist als die spanische Mystik und komplizierter als die Theorien der Gnostiker. Zehn Jahre des Studiums und der Einsamkeit sind erforderlich, um in sie einzudringen. Man darf nur für sie und in ihr leben, man darf die Gedanken nur auf das Ziel hinrichten und sie so fest daran heften, dass nichts sie davon ablenken kann, und schließlich ist es notwendig, dass diese Bemühungen durch den Beistand irgendeines Schutzgeistes (Gottheit) gekrönt werden, der durch beständiges Anrufen und durch die Würdigkeit des Jüngers gewonnen wird. Diese Art der Kabbala verdient infolge der hohen Auffassung des Gegenstandes die ganze Aufmerksamkeit und die eifrige Bemühung derer, die ans Ziel gelangen wollen.

Aber sehr oft lassen sich die Forscher schon am Anfang durch Mangel an angestrengter Aufmerksamkeit und Ermüdung zurückhalten, kommen nicht recht von der Stelle, werden mutlos, bleiben nur oberflächlich unterrichtet, wohl imstande, Unwissenden Sand in die Augen zu streuen, aber einer höheren Vollendung unfähig und unwert der Beachtung.

Ein Kabbalist soll ohne jede Vorbereitung ein beliebiges Werk der rabbinistischen Literatur lesen können und dabei imstande sein, in der selben Sprache der jüdischen Mystik eine Erklärung der gelesenen Stellen zu geben, d. h. sie durch Texte zu stützen, die von einer Autorität gerade auf diesem Gebiete herrühren, und überdies eigene Erklärungen auf Grund eigener Erwägung und Forschung zu geben. Bei dem dazu erforderlichen Studium würde der Jünger neunzig Jahre alt, da ein Leben gerade noch genügen würde, um eine solche Vollendung zu erlangen. – Und der Lehrer? – Wo würde man ihn suchen müssen?

Diese erhabene und edle Wissenschaft sollte nicht durch dünkelhafte Unwissenheit profanierend und lächerlich gemacht werden, und es ist ein klägliches Schauspiel, wenn irgendwelche Ignoranten einige Worte Molitors zitieren oder einige Formeln Franks deklamieren, als wenn Knaben mühsam eine Bruchrechnung ausführen oder eine trigonometrische Gleichung auflösen und dann behaupten wollen, sie verständen die höhere Mathematik.

Was ist also zu tun? Gibt es noch eine andere Kabbala? Gewiss, und das will ich im Folgenden darlegen.

Es gibt noch eine andere theologische Wissenschaft als die offizielle, da es stets Haeretiker und Mystiker gegeben hat, es gibt noch eine andere Mystik als die des Talmud und andere Interpretationen der Thora, da es selbst unter den Kabbalisten Meister gab, die geächtet und verfolgt wurden und schließlich zum Christentum übertraten. In der christlichen und jüdischen Welt sind Männer aufgetreten, die jede Fessel brachen und sich von jedem Zwang befreiten, um selbstständig nach bestem Wissen und Können die Wahrheit zu suchen.

Männer wie Wilhelm Postel, Reuchlin, Khunrath, Nicollas Fame, Saint-Ahantin und Fabre d'Olivet, das sind die Meister der Kabbala, wie sie Stanislas de Guaita auffasste, wie er sie zu lehren und zu erklären verstand. Diese Männer waren kühne Helden auf der Suche nach dem goldenen Vlies; sie verschmähten jeden Titel und die Anerkennung ihrer Zeitgenossen, sie konnten eine stolze Sprache führen, weil ihr Stolz berechtigt war, und sie rechneten nur auf die Anerkennung, die uns die Nachwelt zollt. Denn, wie die ägyptische Symbolik lehrt, wir sollen selbst unsere Richter sein."

Vorstehende Angaben aus der „Kabbala" Papus sind allen denen, so bin ich der Meinung, die sich mit dieser jüdischen Geheimlehre befasst haben, wie aus der Seele geschrieben.

*

Alles hat seine Entsprechungen im Himmel, so z. B. dass die 12 Stiere des „ehernen Meeres" den Tierkreis symbolisieren, findet eine gewisse Stütze in Numeri r., c. 12 (zu 7, 4), wo es heißt: „Und die zwölf Rinder, entsprechend den 12 Stämmen und den 12 Sternbildern" (des Tierkreises)! Es heißt ja auch: „Jerusalem, du erbaute, wie eine zusammengepaarte Stadt." – Dass das „obere Heiligtum" und „obere Jerusalem" nicht etwa nur als poetische Metapher oder dgl. ist, sondern als wirklicher himmlischer Ort gedacht ist, ergibt sich ganz deutlich aus folgendem Ausspruch (Gen. r., c. 69, zu 28, 17): „R. Simeon ben Jochai (2. Jahrh.) sagte: Das obere Heiligtum liegt nur um 18 Mil höher als das untere; dies erhellt aus den Worten, die die Zahl 18 ergeben." Und wieder erscheint die Zahl 18, das Futhork der Germanen, in den jüdischen Schriften. Damit ist der Zusammenhang zwischen der jüdischen Quabbalah und den Runen gegeben!

Nun zu den analogen Entsprechungen: Die vier Seiten dieser mikrokosmosmischen Stadt entsprechen den vier Himmelsgegenden des Kosmos: Meer = Wasserregion des kosmischen Südhimmels, Berge = kosmischer Nord (Götterberg im Norden), eiserne Wand = kosmischer Ost („des Ostens ehernes Tor"), Kies und Sumpf = kosmischer West (Eingang zur kosmischen Wasserregion).

„Gott hat sechs Himmel geschaffen, und im siebenten thront er; von Salomo's Thron heißt es (ebenso. I Reg. I.e.): ,Sechs Stufen waren (führten) zum Throne Salomo's; also thronte er auf der siebenten Stufe." Vergleiche dazu Esther r. zu 1, 2: „Rabbi Oschajah der Ältere (Anf. 3. Jahrh.) sagt: Der Thron war nach Art des Wagens = des Weltschöpfers gebaut. Er hatte sechs Stufen, entsprechend den sechs Himmeln.

Der Einwand: Es sind doch sieben Himmel!

Antwort: Rabbi Abun (4. Jahrh.) sagt: Der Ort, wo der König [Gott] thront, ist verborgen = AUM."

Babylonischer Etagentempel

Nach thannaitischer Anschauung (Gen. r., c. 16, zu 2, 9) ist der „Lebensbaum" des Paradiesgartens der von Gott erschaffene Weltbaum, „der sich über alle Lebenden ausbreitet", so oben, so wie unten!

„Sein Umfang war (ist) so groß, dass es fünfhundert Jahre zu seiner Umschreitung bedurfte (bedarf)". 500 Jahre dauerte bekanntlich eine Phönixperiode, d. h. die Zeit, nach deren Ablauf sich der Phönix, das Bild der Unsterblichkeit, wieder verjüngte.

10 Potenzen – 10 Schöpfer; die 7 Himmel, 7 Planeten, 7 Schöpferengel = 7 Chakren; die 4 bzw. 6 Himmelsrichtungen haben alle große kosmisch-elementare Bedeutung! Keine Zahl ist umsonst oder falsch gewählt. Der Norden ist genauso wie bei den Germanen von großer positiver Bedeutung, deswegen die Erzegel so zugeordnet werden können:

Michael – Osten
Uriel – Norden
Gabriel – Westen
Raphael – Süden

Sieben Erzengelnamen sind: Uriel, Raphael, Raguel, Michael, Sariel, Gabriel, Jerachmeel.

Gewisse Engel haben auch Entsprechungen ihres Namens:
- Galgaliel (für die Sonnenscheibe),
- Ophaniel (Mondscheibe),
- Kochbiel (Fixsterne),
- Eehatiel (Planeten),
- Schamschiel (Tageslicht),
- Lajlahel (Nacht),
- Baradiel (Hagel),
- Barakiel (Blitz),
- Mathariel (Regen),
- Schalgiel (Schnee),
- Ruchiel (Wind),
- Sa´amael (Sturm),
- Sikiel (Glutwind),
- Sawael (Wirbelwind),
- Sa´aphiel (Orkan),
- Ra´amiel (Donner),
- Ra´aschiel (Erdbeben),
- Aph und Chemah (Zorn und Grimm),
- Abaddon und Maweth (Verderber und Tod);
- oder Asasel und Schämehasai die Leiter des Abfalls;
- Aschmedai (Asmodäus, Asmodi), „König der Dämonen".

All diese Namen der Wesen lehrt die Quabbalah, denn es heißt: „Ich gebe dir nicht eher Gehör, als bis du mich den Schem ha-mephorasch gelehrt hast, mittels dessen du zur Himmelveste aufsteigst in der Stunde, wo du ihn aussprichst!" Er lehrte ihn den Namen lautmagisch richtig auszusprechen und da sprach er diesen Namen aus und erhob sich unbefleckt zur Himmelsveste!

*

Bischoff schreibt in seiner „Die Kabbalah – Einführung in die jüdische Mystik und Geheimwissenschaft" von dem Tönen der gewaltigen magischen Wörter, welche schöpfend, fließend, gebärend, alles schaffen sie immer zu neuen Gestalten, Formen, Seelen und Körpern heran, alles Lebendige formend und durchwoben die erschaffenen Welten.

Er erwähnt, dass es unzählige kaum mehr bekannte Manuskripte über die Lautmagie gibt, sie tauchten auf und verschwanden in privaten Bibliotheken. Das bekannteste ist das Sefer Sohar.

*

Die 22 Buchstaben, die Grundbestandteile des Wortes, sind auch die Elemente sämtlicher Dinge. Darüber stehen die Ideen der 10 Zahlen, dessen Höchste die Einheit – eins – darstellt, der „Hauch" der Stimme! Aus dieser entstanden die vier Elemente mit ihren typischen Eigenschaften. Zu diesen gesellen sich die 6 Dimensionen – Höhe, Tiefe, Ost, Süd, West und Nord und bilden die elementare Dekade. Indem die 10 Zahlen mit den 22 Buchstaben in Verbindung treten, entstehen alle Dinge im Kosmos. Die Verhältnisse, unter denen diese ganze Entwicklung geschieht, sind Thesis, Antithesis und Synthesis, bzw. die Mannigfaltigkeit der Zahl drei wie der Gegensatz von Mann und Frau und dem aus der Polarität folgendem Kind, welches den Ausgleich symbolisiert.

*

Der Baum des Lebens stellt die 10 Sephiroth dar, welche übersetzt „Sphären" heißen und bilden die Vermittlung zwischen Gott und seinen Geschöpfen und der ganzen Welt. Sephiroth heißt auch noch „Schöpfungsworte", weil mit 10 „Worten", den 10 Schlüsseln in Franz Bardons „Quabbalah" die Welt erschaffen wurde.

*

Viele jüdischen Gelehrten wie Abraham Abulafia versuchten sogar die Buchstabenmystik wieder zur größeren Geltung zu bringen, die kabbalistische Behandlung der Gottesnamen, worin sie die höchste Stufe der geheimen Wissenschaft dargestellt sahen.

Fig. 4. Zu §§ 44 u. 174. Amulett zum Schutze von Wochnerin und Neugeborenem.

*

Bischoff beschreibt die Praxis der Kabbalisten als eine mehrmalige Rezitierung verschiedener Formeln mit selbstvergessener Meditation zur Verbesserung und Vergöttlichung der Welt, durch welche man gleichzeitig Erkenntnis, Seelenkräfte (Fähigkeiten) und Vollkommnung erlangen kann. Man soll sozusagen aus dem Jammertal Erde ein Paradies machen. Durch die gesamte Kabbalah geht ein ethischer Grundzug. Ethik, Materie und Entwicklung sind alles eins und bedingen sich gegenseitig. Alles entspricht dem Baum des Lebens, alles ist voneinander abhängig.

Die Magie ist eine Zusammenstellung von verschiedenen Namen und göttlichen Worten, mit dessen Hilfe man Wundertaten hervorbringt. Einer, der das hervorbringt, heißt „Baal schem", oder „Baal schem tob", „Herr des guten Namens". Da der Name Gottes das Wesen des Schöpfers verkörpert,

39

ist bei Anwendung dieses Wortes (JHVH) die Verbindung zu ihm gegeben, d. h., man wird so wie er ist und man kann schöpfen. Wie der Name eines Dinges sein Wesen ausdrücken soll, so ist der Name Gottes der Ausdruck seiner allmächtigen Wesens. Da dieses Wesen die Allmacht vertritt, muss die Anwendung seines Namens das Erfassen seines Wesen, eine, soweit es dem Schüler möglich ist, eine Aneignung seiner Kraft sein. Die einzelnen Buchstaben sind Teile seines universalen Wesens, sind seine Elemente, seine Energie. Je nach Sinn und Zweck werden die entsprechenden Buchstaben und Namen verwendet, so wie sie im Sefer Jezirah offenbart sind. Sogar die Namen der Engel und Dämonen sind magische Formeln, die je nach Eigenschaften der „Wesen" wirken, vorausgesetzt, man ist in der Lage, sich zu einem Schöpfer empor zu schwingen.

Selbst David (Bibel) ist durch das Aussprechen des Namens in die Luft davongeflogen. Durch das Sprechen des Wortes kann man Totenbelebungen, Beschwörungen, Verwandlungen, Bannungen, Tötungen, Heilungen, Erschaffungen von Geschöpfe, Wandeln auf dem Wasser, Verstehen aller Sprachen, den Teufel bannen, Feuer löschen, Gedanken vertreiben usw. Durch Aussprechen und Aufschreiben eines Namens kann man den Feind vertreiben, Liebe erregen, Verwandlungen in Tiere usw. Selbst der weise Salomo machte mit Hilfe des Schem seine Geisterbannungen, oder Geisteraustreibungen (Exorzismus) von Besessenen; Rabbi Löw hat mit Hilfe des Wortes dem Kaiser Rudolf II. die Patriarchen erscheinen lassen. Eine interessante Geschichte ist nachstehende: Der berühmte Rabba schuf sogar mit dem Schöpferwort ein Menschengebilde, einen Golem, das er zu seinem Freunde Rabbi Sira sandte. Da aber der Scheinmensch nicht sprechen konnte, erkannte R. Sira seine magische Herkunft und verwandelte ihn wieder zu Staub. Von der Geschichte von Rabbi Löw und seinem Golem berichtet auch Franz Bardon in seinem „Adepten", sodass wir dies hier nicht tun.

Man kann sogar die Sprache sämtlicher Tiere erlernen, ja selbst das Gras hört man wachsen, oder die Engel und Dämonen kann man bei ihren Gesprächen belauschen, die Rede der Bäumen und Blumen versteht man, und alles, was existiert. Dazu muss man, um die geheime Aussprache zu beherrschen, zumindest rein sein, so verlangen es alle jüdischen Rabbis, denn sonst ist die Gefahr zu groß, Schaden davon zutragen.

Man kann das Wort für alles im Leben benutzen, wie wir vorhin berichtet haben.

Amulett zur Beförderung einer schweren Geburt.
In den drei Zeichnungen rechts und links stehen drei Engelnamen!

Alle quabbalitischen Amulette enthalten Gottes-, Engelnamen oder Worte sowie weitere Buchstabenkombinationen. Z. B. die Formel „Schebriri" gegen Augenleiden, oder „Abracadabra" als Fiebermittel, welche nach unten immer an Buchstaben abnehmen. Diese Formel bedeutet zur Krankheit gesagt: „Entfleuch diesem Worte gemäß".

```
A B R A C A D A B R A
  A B R A C A D A B R
    A B R A C A D A B
      A B R A C A D A
        A B R A C A D
          A B R A C A
            A B R A C
              A B R A
                A B R
                  A B
                    A
```

Oder:

א ‎ ‎ ב ‎ ‎ ב א ‎ ‎ ב א

‎ ‎ ב ‎ ‎ ב א ‎ ‎ ב א

‎ ‎ ‎ ‎ ב א ‎ ‎ ב א

‎ ‎ ‎ א ‎ ‎ ב א

‎ ‎ א ‎ ‎ ב א

א ‎ ‎ ב א

‎ ‎ ב א

א

Auch die Zahlen-Quadrate entsprechen dieser Analogie.

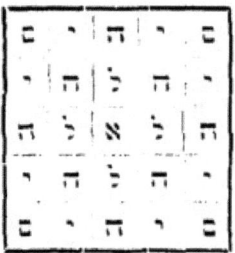

Elohim-Quadrat

Jahwe-Quadrat

42

Fig. 22. Zu § 193. Amulette aus den
Werken des Paracelsus. (§ 81.)

Sogar Siegelzeichen deuten auf das Schöpferwort!

Die magischen Amulette wirken langsam aber dauernd, die ausgesprochenen Worte schnell und plötzlich, also passiv und aktiv.
In der Quabbalah gibt es nur *alles ist eins*, d. h. Subjekt und Objekt sind
gleich. Deshalb ist es möglich, Gott kennenzulernen.
Es gibt vier Ebenen, die denen aus Franz Bardons *Quabbalah* vollkommen
entsprechen:

- Akasha
- Mental
- Astral

43

- Stoff

Dann eine

- Linke Säule
- Rechte Säule
- Mittlere Säule

welche den Fluiden entsprechen.

Weitere Analogien:

- Malkuth, die 10. Sephiroth entspricht den vier Elementen der Materie.
- Tipherte, die Sonne, untersteht der Versenkung ins Aksha-Prinzip.
- Die weiteren Sephiroth beschreibt Bardon als die Zahlen von 1-10 bzw. unterstellt sie den 10 quabbalistischen Schlüsseln.
- Der ganze Baum ist dem Menschen gemäß erbaut worden, sein Ursprung liegt im Adam Kadmon, dem Ur-Menschen.
- Die 10 Zahlen entsprechen den 10 göttlichen Namen, welche eine Vermittlung zwischen Mensch und Gott darstellen.
- Die Bahnen zwischen den einzelnen 10 Sephirot sind 22 und unterstehen den 22 quabbalistischen Buchstaben, welche durch die 22 Runen-Tänze zur rituellen Verbindung mit der Gottheit führen. Selbst der Sohar sagt, dass die Zeichen der Sterne auf Figuren (Runen) hinweisen, mit welchen man die tiefsten Geheimnisse entdecken kann. (Sohar II, 130 b).

Dass es Stellungen im Jüdischen gibt, belegt diese Passage aus Bischoffs Buch „Wunder der Kabbalah" (S. 42): *Das Legen des Hauptes zwischen die Knie in sitzender Haltung. Diese wird schon von dem Propheten Elia vor seiner Regenverkündigung bzw. Regen-Herbeiführung (1. Kön. 18, 42) berichtet: „Da ging Elia auf des Karmels Gipfel und bückte sich zur Erde und tat sein Haupt zwischen seine Knie." (Vgl. dasselbe im Thalmud, Berachoth 34b, und dazu „Elemente der Kabbalah" II, S. 88, sowie „Die Kabbalah", S. 126.) Eine ähnliche Stellung finden wir u. a. bei den zumal seit dem 14. Jahrhundert in den Klöstern zu Konstantinopel, am Athos und Sinai vorhandenen Omphalopsychiten („Nabelseelenleuten"), die zur Hervorrufung von ekstatischen Zuständen den Kopf so zwischen die Knie legten und, indem sie Brust und Nabel betrachteten, in einem „unerschaffenen Lichte" mit ihren Leibesaugen Gott zu schauen glaubten. (Spuren ihrer Lehre finden sich in den Athosklöstern noch heute.) Übrigens war bereits in der griechisch-orientalischen Mantik Entsprechendes vorgebildet.*

Seite 43 berichtet der Autor: *„Das Hersagen gewisser Formeln und Hymnen, zumal in Verbindung mit dieser Körperhaltung, z. B. der im 9. Kapitel des mystischen Traktates Hechalôth rabbathi erwähnten Hymne (vgl. „Die Kabbalah" a. a. O.): „Wie die Stimme des Wassers im Rauschen der Ströme, wie die Stimme der Wogen in blauer See, wenn im Lenze der Südwind einher sie wälzt – so erschallt die Stimme lobenden Liedes einher vom Thron der Herrlichkeit, den König der Könige preisend. Ein Schall von Tönen, ein großes Gebrause, unzählige Stimmen gesellen sich mächtig zum Sange des Thrones der Herrlichkeit, dem Gewaltigen Jakobs zu singen und klingen, und tausendstimmig schallt es einher: Heilig, heilig, heilig ist Er, der Herr der unendlichen Heere."* – Auch gewisse Psalmen und andere alttestamentliche Abschnitte finden Verwendung, vornehmlich aber kabbalistisch gefärbte Stücke der alten Synagoyalpoesie, denen besondere Wirkungskraft beigelegt wird. Über die hier zugrundeliegende Anschauung s. u. beim Gebete, weisen auf die Praxis der Runenmagie hin, wenn man die seelische Schulung miteinbezieht wie Gesetzesbefolgung, Enthaltsamkeit, schweigen, reine Gedanken haben, Atemkontrolle usw.

Die mystischen Gottesnamen:

Jeder quabbalitische Name drückt das Wesen aus, welcher durch die Buchstaben zu einem Sinn vereinigt wurde z. B. Michael bedeutet: Wer ist wie Gott? Es besteht sozusagen ein Beziehung zwischen dem Namen und dem Träger desselben. „Wie sein Name, so ist er", heißt es oder der bekannte Ausspruch: nomen est omen – der Name ist sein Zeichen.
Es gibt Personen mit schönen Namen und schönen Handlungen und Personen mit hässlichen Namen mit hässlichen Handlungen. Deswegen wird mit der Namensgebung das Schicksal verbunden bzw. das negative abgewehrt, denn die Buchstaben haben Beziehungen zum Schicksal, welches in den hohen Sphären vergeben wird.
Darauf beziehen sich folgende Aussprüche:
- Himmel und Erde sind vergänglich, dein wahrer Name lebt und besteht bis in alle Ewigkeit.
- Der wahre Name Gottes ist so heilige, dass man nicht einmal einen König antworten darf, bevor man ihn zu Ende geschrieben hat.

- Ohne Gottesnamen hat kein Mensch wahre Kraft und Macht, irgendeine Tätigkeit zu vollbringen. Nur mit Hilfe des Namens wird das Werk sofort und richtig vollbracht. Auf dem Stabe des Moses war der Schem Hamphorsch eingezeichnet, mit dem er seine Wunder vollbrachte. Damit kann man sehr viele ungewöhnliche Dinge und Taten vollbringen.
- Die Kabbala muss man leben, man kann sie sich nicht durch bloßes lesen aneignen!

In der jüdischen Tradition gibt es viele weise Männer, die als „Baale-Schem" bezeichnet wurden, als „Wundertäter mittels des Gotteswortes". Baal bedeutet „Herr", aber eines materiellen Herrschers, weil sie das Wort zum Teil für materielle Zwecke gebrauchten. Sie machten rituelle Waschungen, kasteiten sich, machten Fastenübungen so wie mystische Gebete in den 18 Stellungen wie es im Sohar vorgeschrieben ist, vollbrachten gute, edle und fromme Taten, es wurden unglaubliche Heilungen vollbracht, Beschwörungen um das Schicksal abzuändern usw. usw.! Dies zeichnete sie aus und die Gottheit verband sich mit ihnen und übertrug ihnen ihre vollkommene Macht und Kraft! Dadurch bekamen sie okkulte Fähigkeiten, mit deren Hilfe sie unglaubliche Wunderdinge verrichten konnten. Zu ihnen zählten folgende Männer:

- Benjamin Ben Serach um ca. 1020 geboren.
- Jehuda ben Samuel ha-Chassid
- Elia von Cholm – schöpfte einen Homunkolus mittels eines quabbalitischen Namens. Da dieser Golem riesenhafte Größe annahm, habe der Rabbi aus Furcht, sein Gebilde könnte die Welt zerstören, dem Schem (das unaussprechliche Tetragrammaton aus der Vorhaut des Golems, wo er den Zettel mit dem geladenen Namen versteckte, entfernt und dadurch den Golem wieder zu Staub verwandelt.
- Jehuda Liwa ben Bezalel = Rabbi Löw. Er war auch mit dem bekannten Astrologen Tycho de Brahe befreundet. Franz Bardon erwähnt zu Recht die Geschichte mit dem Golem von Prag in seinem „Adepten", welcher mittels des Schöpferwortes erschaffen wurde.
- Adaqm Baal-Schem
- Elia ben Moses Loans – Sein Vortrag und sein gottesdienstlicher Gesang waren von immenser Wirkung, denn von nah und fern

kamen Leute, um seinem magischen Gesang zu lauschen. Sein Wissen, seine Demut und Sanftheit haben den größten Eindruck hinterlassen.

- Gedaljah aus Worms
- Elchanan aus Wien
- Joel (I) ben Isak Heilpern – war ein berühmter Wunderarzt. Eine Sage berichtet, dass er, wenn er einen Fluss überqueren wollte, nur mit dem Stock auf das Wasser schlagen musste, und schon trug in das Gewässer über den Strom. Er verstand es Gedanken zu lesen, Geister zu vertreiben, sah perfekt hell, spendete Trost durch praktische Hilfe und war an verschiedenen Orten zur gleichen Zeit.
- Joel (II) ben Uri Heilpern – ihm traute man zu, mittels der Quabbalah lebendig in den Himmel zu fahren. Auch war er als Wunderarzt in der gesamten Umgebung bekannt.
- Israel aus Miedziboz – seine Lehre vertrat die Ansicht, dass sich Himmel und Erde gegenseitig beeinflussen, war immer heiter und guter Dinge und nahm die höchste Stellung im Judentum ein; er sagte seinen Tod voraus.
- Selig aus Lublin – über ist wenig bekannt.
- Israel, der Maggid von Kozienitz – zog unzählige Menschen zu seinen Reden an. Tausende kamen zu seinem Begräbnis, um ihn die letzte Ehre zu geben.
- Salomon von Karlin – wurde als gottgleicher Wundertäter verehrt.
- Seckl Löb Wormser – wurde aufgrund seiner Wunder sehr verehrt, lebte weltabgeschieden. Seine Herzensgüte überstrahlte alle und alles.
- Israel Friedmann – zeigte die Vorzüge des materiellen Lebens, was nicht allen religiösen Juden recht war.
- Elia Gutmacher ...
- Israel Friedfertig – starb im Jahre 1919.
- R. Naftali Kohen, welcher sich viel mit einer Beschwörungs-Quabbalah befasste (S. 83 „Die Wundermänner im jüdischen Volke"), welche mit der 2. atlantischen Ur-Rune im Zusammenhang gestanden haben kann.

Zur Verwirklichung dieser quabbalistischen Fähigkeiten sagt Gott: „Heilig sollt ihr sein, denn heilig bin ich, der Seiende, Euer Gott!"

All dies bestätigt Gustav Meyrink in der Geschichte „Der Opal" (S. 20) im Buch „Des deutschen Spießers Wunderhorn", wo er schreibt, dass *„Götterstatuen in tanzender Stellung, die Handflächen vorgestreckt mit geheimnisvoller Fingerhaltung deckten mit ihren Schatten die Eingänge wie Hüter der Schwelle. Wie wenige wissen, dass alle diese bizarren Figuren, ihre Anordnung und Stellung zueinander, die Zahl und Höhe der Säulen und Lingams Mysterien von unerhörter Tiefe andeuten, von denen wir Abendländer kaum eine Vorstellung haben."* Dann lässt Meyrink einen hohen Brahmanen erklären, dass die Wunder, *„geschähen durch sogenannte Tantriks (Wortzauber)".* Das wusste G. Meyrink bereits um 1913, aber keiner hat das erwähnt oder ist darauf näher eingegangen.

In „An der Grenze zum Jenseits" schreibt der obige Autor, welcher sich intensiv mit der Lautmagie nach Kerning beschäftigte und unter seinem Pseudonym, Kama-Censor of the R.O.O.o.S.B.a.S. das Werk „Kernings Testament" schrieb: *„Wie nun Artur Avalon feststellen konnte (an anderer Stelle), ist die Religion dieser Tantrikas, von entarteten Formen in Südindien natürlich abgesehen, die denkbar reinste und sublimste, und das Hatha-Yoga-System stellt nur Verfallsprodukte dieser magischen, bis in unbekannte Vorzeit zurückreichenden Religion vor. Was das Buch (von Avalon) für Okkultisten und von europäischen oder indischen Gurus „Angeführte" besonders wichtig macht, ist der Umstand, dass man klar aus ihm ersehen kann, wie grundfalsch alles war, was einem bisher als „Weg zum Erfolg" vorgesetzt wurde. Das Bild, das der Hatha Yoga bietet, wenn wir die über und hinter ihm stehende Tantrikreligion nicht mit hinzuziehen, ist mehr als schauerlich. Ein Europäer, ein ehemaliger Kellner, von Kindheit an dergleichen Stellungen konnte und auch auf Kliniken bewies, ferner, dass in einem Londoner Variete ein Inder als Schlangenmensch auftrat und sämtliche bis dahin für unmöglich gehaltene Mudras und Asanas (Verrenkungen und Sitzstellungen) vorführte. Aber keiner von beiden besaß auch nur die geringsten okkulten Fähigkeiten. Der springende Punkt liegt, demnach offenbar auf ganz anderem Gebiet als dem rein körperlichen. Wir dürfen nun freilich nicht erwarten, dass wir in der Kenntnis der Tantrikreligion eine Springwurzel gefunden hätten, die alle geheimen Schlösser öffnet oder gar eine Erlösung von allem Übel bedeutete, vom christlichen Standpunkt aus gesehen ist sie sogar Heidentum, aber für das Studium des Okkultismus und des Yoga ist sie ein Dietrich. Ihr Um und Auf ist die praktische Vergöttlichung des Körpers, der* *bis dahin der Feind des Menschen war, das In-Kraft-Verwandeln des Leibes, das Anziehen des Auferstehungsleibes, wie es der Christ nennen würde. So, wie der Mensch der letzten Jahrtausende die Natur entgöttert hat und überall nur blinde mechanische Kräfte am Werke sieht, so hat er auch seinen eigenen Leib entgöttert; die Tantrikreligion sieht in jedem Nervenzentrum (Chakra) den Sitz einer Gottheit, die der Fromme anruft und verehrt. Ist der Schluss, dass dadurch eine einschneidende Veränderung des ganzen Seelenlebens eintreten müsste, wirklich ganz von der Hand zu weisen?"*

*

Grötzinger schreibt in seinem Buch „Jüdisches Denken" Band II auf Seite 379 von der Vokalkombinatorik: „Die ganze zuvor beschriebene Buchstabenkombinatorik, die sich auf den schriftlichen Bereich konzentrierte, kann nun auch mündlich durchgeführt werden. Dazu müssen nun die Vokale und ihre Zeichen einbezogen werden, was dazu beiträgt, dass das Bild noch viel reicher und in seiner Durchführung noch mehr dem Charakter einer Litanei ähnelt, der die Ekstase fördert. Ein besonders eindrückliches Beispiel bietet das Buch „Or ha Sechel", das hier zum Abschluss stehen soll. Es handelt sich dabei um eine Entfaltung des verborgenen Gottesnamens 'HWJ, das heißt der vier Buchstaben, aus denen die beiden zentralen offenbarten Gottesnamen JHWH und 'EHJeH (Ex 3,14) zusammengesetzt sind. Dies wird in der folgenden Litanei derart dargestellt, dass das 'Alef mit dem Tetragrammaton JHWH ausgefaltet wird, und zwar so, dass das 'Alef stets mit einem der vier Buchstaben des Tetragramms verbunden wird, woraus insgesamt vier Tabellen entstehen. In jeder dieser Tabellen werden zwei Systeme makkaronisch ineinander verschlungen. In der ersten Tabelle werden in ersten Zeile die Buchstaben 'Alef und Jod, in der zweiten Jod und 'Alef, in der dritten nochmals Jod und 'Alef, in der vierten 'Alef und Jod, in der fünften Jod und 'Alef, in der sechsten Jod und 'Alef, in der siebten Jod und 'Alef, in der achten 'Alef und Jod, in der neunten 'Alef und Jod und in der zehnten Jod und 'Alef miteinander verbunden und mit den im Folgenden noch zu nennenden Vokalen versehen.

So entstehen vier makkaronische Tabellen, die mit fünf mal fünf Vokalen versehen und gesungen werden. Jede makkaronische Tabelle hat zwei ineinander geschobene Sätze von fünf Mal fünf Paaren, von denen fünf in der Senkrechten und fünf in der Waagerechten stehen.

49

Die Vokale werden sodann so eingefügt, dass man in den senkrechten Haupt-Kolumnen (erster Buchstabe) stets die Vokalfolge o a e i u erhält. Die erste Nebenkolumne (zweiter Buchstabe) hat gleichfalls diese Vokalfolge, was für die zweiten Buchstaben der waagerechten Zeilen jeweils unterschiedliche Ausgangspunkte schafft, aber ansonsten wird mit rotierendem Ausgangspunkt auch in ihnen die Vokalfolge o a e i u eingehalten. In der folgenden transkribierten Beispieltabelle wird das hebräische ˊAlef als X wiedergegeben:

Tabelle I, Buchstaben 'Alef (X) und J:

XoJo		XoJa		XoJe		XoJi		XoJu	
	JoXo		JoXa		JoXe		JoXi		JoXu
JaXa		JaXe		JaXi		JaXu		JaXo	
	XaJa		XaJe		XaJi		XaJu		XaJo
XeJe		XeJi		XeJu		XeJo		XeJa	
	JeXe		JeXi		JeXu		JeXo		JeXa
JiXi		JiXu		JiXo		JiXa		JiXe	
	XiJi		XiJu		XiJo		XiJa		XiJe
XuJu		XuJo		XuJa		XuJe		XuJi	
	JuXu		JuXo		JuXa		JuXe		JuXi

Die erste Zeile ist dann wie folgt zu lesen: ojo oja oje oji ojo. Die zweite Zeile lautet: jo'o jo'a jo'e jo'i jo'u und so weiter. In den folgenden drei Tabellen werden wie gesagt die Konsonantenpaare 'Alef-Heh und Heh-'Alef, 'Alef-Waw und Waw-'Alef und schließlich 'Alef-Heh sowie Heh-'Alef dargestellt. Die Vokale folgen dem obigen Muster o a e i u.

In den Kommentaren zu dieser Tabelle schreibt' Abul 'afja auch vor, wie man sie auszusprechen hat:

„Wenn du beginnst, den Buchstaben 'Alef auszusprechen, mit welchem der Vokale auch immer, halte den Ton gerade so lange wie ein Atemzug ausreicht, nicht länger, denn das 'Alef lehrt über das Mysterium der Einheit. Auch darfst du diesen Atemzug (der den Ton hervorbringt) keinesfalls unterbrechen, bis du mit dessen Aussprache zu Ende bist. Auch sollst du diesen besonderen Atemzug (mit dem Ton) so lange ausdehnen, solange es die Kraft deines Atmens zulässt. Auch singe beim 'Alef und bei allen übrigen Buchstaben mit Furcht, Ehrfurcht und Schrecken, begleitet von Freude der Seele bei dem Großen, das sie erfasst. Und die Melodie bei der

Aussprache jedes Buchstabens soll dem Vokal entsprechen, das heißt beim Holem (o) hoch. Dabei sitzest du in weiße frisch gewaschene reine oder neue Gewänder über all deinen Kleidern gehüllt, oder mit dem Tallit (Gebetstuch), die Tefillin (Gebetsriemen) auf deinem Haupt, dein Angesicht nach Osten gerichtet, denn von dort geht das Licht in die Welt hinaus. Und du hast fünf Richtungen, in welche du dein Haupt bewegen kannst. Beim Holem (o) beginne in der Mitte des Ostens, läutere deine Gedanken und erhebe dein Haupt langsam beim (singenden) Ausatmen bis du (den Ton) beendet hast und mit dem Haupt oben angelangt bist. Danach beuge dich ein Mal bis zur Erde, und unterbreche zwischen dem Atemzug des 'Alef und dem mit ihm zusammengestellten Buchstaben nur durch einen einzigen kurzen oder langen Atemzug. Zwischen dem Buchstaben des Tetragrammaton und dem (nächsten) 'Alef in der voranschreitenden Reihenfolge oder zwischen dem 'Alef und dem nächsten Tetagramm-Buchstaben in der umgekehrten Reihenfolge, darfst du zwei Mal ohne Ton atmen, aber nicht mehr. Nach dem Abschluss jeder Tabelle darfst du fünf Mal atmen, nicht mehr, jedoch weniger. Wenn du eine Tabelle wiederholtest, oder versehentlich von dieser Ordnung abwichest, beginne diese Tabelle von Neuem, bis du sie richtig vorträgst.

Während das Holem (o) beim Singen nach oben zieht, zieht das Hirek (i) nach unten und zieht so die obere Kraft herab, um sie dir anzuheften. Und beim Schurek (u) singe weder nach oben noch nach unten, sondern eine mittlere Lage, entsprechend der mittleren Richtung. Beim Sere (e) bewege dein Haupt von links nach rechts und beim Kamez (a) von rechts nach links.

Wenn du nach Vollendung aller eine Gestalt vor dir siehst, wirf dich sofort vor ihr nieder. Und wenn du eine schwache oder starke Stimme hörst und du verstehen willst, antworte ihr sogleich und sage „Sprich, mein Herr, dein Knecht hört!" Du aber sage nichts, neige dein Ohr, um zu hören, was er dir sagt."

Damit soll es der Beispiele zu 'Abul'afjas mystischer Technik genug sein. Abschließend soll noch darauf hingewiesen werden, dass 'Abul'afja natürlich der Überzeugung war, dass die gesamte Buchstabenmanipulation selbstverständlich auch für magische Zwecke tauge. Allerdings lehnte er den magischen Gebrauch der Buchstaben und Namen vehement ab und hält den, der Magie übt, für verflucht. Da aber nun alles, was 'Abul'afja vorträgt durchaus magischen Charakter hat, aber dies ausschließlich dem mystischen Ziel dienen soll, spricht Scholem bei 'Abul'afja von einer

51

„Magie der Innerlichkeit". Es besteht aber kein Zweifel, dass dieser Berührungspunkt zwischen Kabbala und Magie es war, der zu der weit verbreiteten irrtümlichen Identifikation von Kabbala und Magie vor allem im nichtjüdischen Raum führte, wofür ich auf die entsprechenden Kapitel in A. E. Waite´s „The Holy Kabbalah" verweise. Aber auch unter den Juden gab es seit dem 15. Jahrhundert die Unterscheidung zwischen der Kabbala schlechthin, wie sie im Wesentlichen hier dargestellt wird, und der Kabbala ma'asit, der „Praktischen Kabbala". Letztere wurde im Judentum vor allem die Domäne des Ba'al Schem, des „Meisters des göttlichen Namens", der als ein jüdischer Magier bezeichnet werden kann. Er vollbringt seine Taten aber nicht mit den Kräften des Bösen, sondern mit den heiligen Gottesnamen, wie dies schon im ersten Band zu einem der Hauptvertreter der Hasidut Aschkenas, R. ´El´asar aus Worms erörtert wurde, und dann vor allem unten in dem ausführlichen Kapitel zu den Ba´ale Schem in Aschkenas vorgeführt werden soll."

*

Nun zu Gershom Scholem und seinem 3. Band „Judaica" und dem Kapitel „Magie der Sprache":

„Am Schluss dieser Betrachtungen stellt sich für Abulafia immer wieder die Frage nach dem magischen Charakter der Sprache. Wir gingen in diesen Darlegungen von der Magie des Wortes und des Namens aus, deren Metamorphosen in der Mystik wir hier verfolgt haben. Aber die Obertöne der Magie begleiteten uns auf diesem Wege. Das Bewusstsein von der unmittelbaren Kraft, die von den Worten, und um wie viel mehr von den aufs äußerste gereinigten, anscheinend bedeutungslosen, aber bedeutungs-schwangeren Worten und ihren Verwandlungen, „Revolutionen" ausgeht, ist Abulafia an vielen Stellen seiner Schriften durchaus gegenwärtig. Er verhält sich aber aller praktikablen Magie und Theurgie gegenüber gänzlich abweisend. Er sieht darin eine verwerfliche Vergröberung einer tief geistigen Magie, die abzustreiten für ihn ganz undenkbar wäre. Magie als das nicht-Kommunizierbare, und doch aus den Worten Ausstrahlende ist für ihn existent. Es gibt eine Dimension tiefinnerlicher Magie, die nicht unter das Verbot des Zaubers, der praktikablen Magie fällt. Ja, es ist diese Magie, die die Propheten üben. Die „Zeichen", die die Propheten zur Legitimation ihrer Sendung geben, hängen mit dieser magischen Kraft in ihnen zusammen. Wer ohne diesen Rang sich ein Eingreifen, sozusagen technischer Natur, in die Schöpfung erlaubt oder dazu fähig zu sein vorgibt, verfällt den Verführungen der mantischen Wissenschaften, der

Magie im üblichen Sinne. Deren Disziplinen, die „Wissenschaft der Dämonen", entbehrt zwar nicht der realen Grundlage, stellt aber eine Fälschung, weil aufs rein Äußerliche gerichtete Vergröberung der wahren Mystik dar. Magie ist prinzipiell möglich, aber verwerflich, und der Magier ist verflucht. Er hat sich nicht dem Herrn, dominus, sondern dem Teufel, dämonas verschrieben. Der Satan ist für Abulafia die Materialität der Natur, und der Kabbalist, der sie auf ihre spirituellen Grundlagen zurückführt, entthront ihn. Aus der Versenkung in den Namen Gottes, das Zentrum aller Schöpfung, erwächst ihm die Kraft, das Wirken der Magier zunichte zu machen.

Zum Abschluss will ich noch einmal auf den zentralen Gedanken, der hier verfolgt wurde, zurückkommen. Der Name Gottes ist der „wesentliche Name", der der Ursprung aller Sprache ist. Jeder andere Name, unter dem Gott benannt oder angerufen werden kann, steht mit einer bestimmten Aktivität in Zusammenhang, wie die Etymologie solcher biblischen Namen ausweist; nur dieser eine Name bedingt keinerlei Rückbesinnung auf eine Aktivität. Dieser Name hat für die Kabbalisten keinen „Sinn" im gewöhnlichen Verstande, keine konkrete Bedeutung. Das Bedeutungslose des Namens Gottes weist auf seine Stellung im Zentrum der Offenbarung hin, der er zugrunde liegt. Hinter aller Offenbarung eines Sinnes in der Sprache und, wie es die Kabbalisten sahen, durch die Tora, steht dies über den Sinn hinausragende, ihn erst ermöglichende Element, das ohne Sinn zu haben allem anderen Sinn verleiht. Was aus Schöpfung und Offenbarung zu uns spricht, das Wort Gottes, ist unendlich deutbar und reflektiert sich in unserer Sprache. Seine Strahlen oder Laute, die wir auffangen, sind nicht sosehr Mitteilungen als Anrufe. Was Bedeutung hat, Sinn und Form, ist nicht dies Wort selber, sondern die Tradition von diesem Worte, seine Vermittlung und Reflexion in der Zeit. Diese Tradition, die ihre eigene Dialektik hat, verwandelt sich und geht eventuell auch in ein leises und verhauchendes Flüstern über, und es mag Zeiten geben, wie die unsere, wo sie nicht mehr überliefert werden kann und wo diese Tradition verstummt. Das ist dann die große Krise der Sprache, in der wir stehen, die wir auch den letzten Zipfel jenes Geheimnisses, das einmal in ihr wohnte, nicht mehr zu fassen bekommen. Dass die Sprache sprechbar ist, verdankte sie nach der Meinung der Kabbalisten dem Namen, der in ihr gegenwärtig ist. Was die Würde der Sprache sein wird, aus der sich Gott zurückgezogen haben wird, ist die Frage, die sich die vorlegen müssen, die noch in der Immanenz der Welt den Nachhall des verschwundenen Schöpfungswortes zu vernehmen glauben. Das ist eine Frage, auf die in unserer Zeit wohl nur die Dichter eine Antwort haben, die die Verzweiflung der meisten Mystiker an der Sprache nicht teilen und die eines mit den Meistern der Kabbala verbindet, auch wo sie deren theologische Formulierung als noch zu vordergründig verwerfen: der Glaube an die Sprache als ein, wie immer dialektisch aufgerissenes, Absolutum, der Glaube an das hörbar gewordene Geheimnis in der Sprache. "

*

Ich hoffe, dass ich mit meiner Zitatensammlung dem einen oder anderen klargemacht habe, dass die Quabbalah immer mit der Lautmagie verbunden war und dass die magische Aussprache gewisser Worte Schöpfungen hervorbringen kann. Dass dazu eine gehörige magisch-mystische Vorschulung notwendig ist, haben die oben erwähnten Autoren in ihren Schriften reichlich nachgewiesen.

5. Der Gedanke,
sein Mechanismus und seine Betätigung
Papus

Da die Gedankenkontrolle bei der Runemagie eines der wichtigsten Bedingungen ist, veröffentlichen wir in diesem 9. Sonderheft den Aufsatz des großen französischen Magiers über den Gedanken. Man soll und kann daraus gewisse Analogien ziehen zwischen den hier angeführten Ideen und der Praxis der Runen.

Hohenstätten

*

Das vorliegende kleine Schriftchen ist ein hinterlassenes (posthumes) Werk Dr. Papus (Encausse), dessen Synthetische Physiologie wir gleichzeitig dem deutschen Leser- und Gelehrtenkreise in II. verbesserter Auflage übergeben.
Es ist aber in jeder Weise auch eine notwendige, sachliche, wissenschaftliche und sinngemäße Ergänzung der Synthetischen Physiologie, insofern das Menschheitswesen eine untrennbare Verbindung körperlicher (physiologischer) und geistig-seelischer (psychologischer) Tätigkeiten und Vorgänge entwickelt und richtig nur in dieser Vereinigung seiner Doppelnatur begriffen werden kann.
Darum haben wir uns beeilt, auch diese kleine Studie zu veröffentlichen, in dem Wunsche, dass der von Dr. Encausse seinen Schülern gewiesene Weg und die gegebene Anregung zu weiteren Forschungen und Arbeiten in seinem Geiste Anlass geben möge.

Regensburg, Juli 1921.

THEODOR KRAUSS.

Der Gedanke:

Worin besteht der Mechanismus des Gedankens? Wie wird ein von außen kommender Eindruck aufgenommen, verdaut – wenn ich so sagen darf – und im Gedächtnis festgehalten?

Das sind Fragen von großer Wichtigkeit, mit deren Beantwortung sich Philosophen, Physiologen und Psychologen, jeder nach seinem eigenen System, auf das eifrigste bemüht haben.

Die Geisteswissenschaft umfasst eine Unmenge von Studien: die Psychonomie oder Übersicht der verschiedenen, den Geisteskräften gegebenen Bezeichnungen, die Psychologie oder philosophisches Studium dieser Kräfte, die Psychosophie oder Erforschung der Beziehungen des Geistes zur göttlichen Weisheit, die Psychurgie oder Psychophanie oder Verwertung der geheimen Geisteskräfte und andere mehr.

Wir haben also nicht die Absicht, ein Problem zu lösen, das schon von so vielen und so bedeutenden Denkern bearbeitet worden ist.

Unser Ehrgeiz ist viel einfacherer Natur. Ohne unsere persönlichen Ansichten sprechen zu lassen, wollen wir einen möglichst klaren Überblick über diese Frage geben und uns bemühen, die Anschauungen der Philosophen mit denen der Physiologen in Einklang zu bringen.

Der Denkprozess ist im wahren Sinne des Wortes eine Verdauung, und gleicherweise, wie durch die intestinale (den Darm betreffende) Verdauung in dem Organismus neue Zellen eingebracht werden, die den der Außenwelt entnommenen Nährstoffen entstammen, führt auch die cerebrale (= das Gehirn betreffen) Verdauung Ideen in den Verstand und besonders in das Gedächtnis ein, die den von außen her aufgenommenen Empfindungen bzw. Wahrnehmungen entspringen.

Die Übereinstimmung der intestinalen und cerebralen Zirkonvolutionens (Windungen) ist – wenigstens vom makroskopischen Standpunkte aus – nicht erst heute festgestellt worden.

In dieser kleinen Studie wird der Philosoph verhindern, dass wir uns in wertlose anatomische Einzelheiten verlieren, während uns der Physiologe vor gehaltlosem Wortschwall und dem, dem Philosophen eigenen Mängel einer festen Grundlage bewahren wird, wie der Blinde und der Lahme des Fabeldichters, die beiden Suchenden unter den Menschen, ausziehen und sich gegenseitig helfen. Wir werden also abwechselnd die Aussagen des

Arztes und die des Philosophen zur Sprache bringen und uns nach Kräften bemühen, jede Unklarheit zu vermeiden.
*
Der Denkprozess zerfällt in drei große Vorgänge:
1. Aufnahme der Empfindungen bzw. Wahrnehmungen; dieser Vorgang gehört in das Gebiet der Sensibilität.
2. Umformung der Empfindungen in Ideen, festhalten oder Weiterleiten derselben zu den Willenszentren: Verstand und Gedächtnis.
3. Abgabe nach außen hin in Form von Handlungen oder Worten, das Ergebnis der Umformung der Idee in den Willenszentren: Willen.

Sensibilität, Verstand und Willen: das ist die erste Grundlage für jede psychologische Studie.

Mit dem Durchlaufen dieses Dreibundes gelangen die Empfindungen aus der Außenwelt zum Gehirn, wie die Nahrungsmittel zum Magen. Die Ideen dagegen sind das Ergebnis innerlicher Arbeit.

Weiter sind die bewussten Regungen: der Blick, das Wort, die Geste oder die Tat, das Resultat der durch den Willen vollzogenen Umwandlung der Ideen in Bewegungen.

Ich glaube, dass diese Auslegung einfach, klar und leicht fasslich ist. Was sagt der Anatom oder der Physiologe hierzu? Er sagt uns: „Nehmt die Schädelhöhle und betrachtet das Innere derselben im Querdurchschnitt! Ihr werdet drei Stufen entdecken:
1. Eine erste, erhöhte Stufe hinter dem Stirnknochen, wo die Vorderwindungen des Gehirns, die den Willen beherrschen, ihren Sitz haben
2. Eine mittlere Stufe, unterhalb der vorhergehenden, in der in großen Gruppen die Ein- und Ausgangsöffnungen der zwölf Nervenpaare liegen, und in der der mittlere Teil des Gehirns ruht, der Träger der intellektuellen Kräfte (Verstand und Gedächtnis).
3. Schließlich unter dieser zweiten noch eine tiefere Stufe, in der das Kleingehirn, der Bulbus (Knollen) und das Hinterhirn, das Organ des Empfindungsvermögens, der Sensibilität, sich befinden."

Die Lehren der anatomischen Physiologie laufen also hier in ihrer Anwendung auf das gleiche Ergebnis hinaus. Verfolgen wir nun das Problem in seinen Einzelheiten!

Das Gehirn ist – wie alle anderen physischen Organe – ein leitendes, stützendes – aber kein bildendes Organ. Es liefert für alle seelischen

Funktionen eine immer gleichbleibende organische Grundlage. Diese Grundlage ist die Neurone (Nervensubstanz), die mit Dendriten (Verästelungen) und zylindrischer Achse versehene Nervenzelle. Die Neurone ist – was die Sensibilität anbelangt – genau das gleiche wie die Empfangsrolle der Telegrammannahme. Diese Rolle produziert die Depesche nicht, sie empfängt dieselbe vollkommen passiv und die über sie hing leitende Schreibfeder bzw. Nadel bewegt sich nur nach den Weisungen des auf der Aufgabestation tätigen Beamten.

Aber wir wissen, dass dieser Schreiber, die telegrafische Nadel, sich nicht von der Stelle rühren würde, wenn der Draht, der den Aufgabebeamten mit dem Empfangsapparat verbindet, nicht von einem Strom, in diesem Falle dem elektrischen, durchflossen wäre. Für das Nervensystem gilt genau das gleiche.

Ein Strom, Nervenkraft genannt, durchläuft die Nervenzentren und verleiht ihnen die nötige Spannung. In den Sinnesorganen läuft er zentripetal, in den Bewegungsorganen zentrifugal; aber seine Richtung spielt hier zunächst keine Rolle. Wir müssen vor allem feststellen, dass er besteht – und das ist die Hauptsache.

Auch seinen Ursprung brauchen wir nicht zu erörtern. Wird diese nervöse Kraft durch eine direkte Umwandlung des Blutes in Nervenzellen hervorgerufen? Oder wird sie vielmehr, wie Luvs es lehrt, im Kleingehirn erzeugt? Des ist für uns im Augenblick nicht von Wichtigkeit. Wir stellen nur fest, dass, wenn das Gehirn den leitenden Nervengrundstoff bildet, die Blutzirkulation hierzu den Strom, die „nervöse Kraft", liefert, den Ausuangspunkt der ganzen Stufenleiter der psychischen Zentren, und dies genügt fürs erste vollkommen.

Diese „nervöse Kraft" ist im ganzen Organismus und für alle Organe des Nervensystems die gleiche. Sie ist ebenso bei den hohen Funktionen des Gedankens wie bei den einfacheren Aufgaben der Assimilation (Umwandlung) oder der Betätigung der verschiedenen Drüsen beteiligt. Und noch mehr: Wenn dem Organismus eine schwere Gefahr droht, z. B. durch einen Angriff von Bakterienkolonien auf die Eingeweide, so wird die gesamte verfügbare nervöse Kraft auf dieses Angriffsfeld gerichtet, um Phagocytose (Aufnahme von Bakterien) oder eine andere Art der Abwehr zu erzeugen, und die psychischen Funktionen – ihrer Kraft beraubt – setzen aus und werden unwirksam. In diesem Falle gibt der Aufgabebeamte, die Empfindung, seine Depesche ganz zwecklos auf: Die Nadel auf der Telegramm-Empfangsrolle in der Aufnahmestation bewegt sich nicht, und zwar nicht etwa, weil der Telegrafist fehlt, sondern vielmehr weil im Telegrafendraht kein Strom mehr läuft. Diese Erscheinung geht im Falle einer schweren Erkrankung im menschlichen Körper wie auch in jedem anderen lebenden Organismus vor sich, der mit cerebrospinalen (Hirn und Rückenmark) Zentren ausgerüstet ist.

Selbst in weniger ernsten Fällen kann man die gleiche Erscheinung beobachten. So bemerkt man, dass bei einem sogenannten nervösen Wesen, d. h. einem solchen, in dem sich die „nervöse Kraft" leicht entwickelt unter dem Einfluss einer heftigen Erregung die gesamte nervöse Kraft unvermittelt zum Herz-Nervengeflecht zurückströmt, darauf tritt plötzlicher Erguss des Nervenstromes ins Gehirn und – Ohnmacht ein, eine Erscheinung, die sich jetzt mit der größten Leichtigkeit erklären lässt.

Die Neurone und die „nervöse Kraft" sind also Werkzeuge, die anderen Kräften zur Erzeugung der psychischen Handlungen zur Verfügung gestellt sind. Sie entsprechen in allem der Telegramm-Empfangsrolle und dem elektrischen Strom.

Das diese Empfangsorgane in Bewegung setzende Moment ist in der Telegrafie die Depesche und im Menschen die Empfindung.

Die Empfindung ist das Mittel, durch das sich der denkende Organismus mit der Außenwelt in Verbindung bringt, sie tritt mit verschiedenen bestimmten Kennzeichen auf:

1. Sie ist nach Klassen geordnet, d. h. sie wird getrennt aufgenommen nach den verschiedenen Empfangsorganen, den sogenannten Sinneswerkzeugen, die die Empfindungen in verschiedene „Befehle" auflösen, und zwar nach Gefühl (= Ertastung es Gewichts, Wärmegrades, der Form usw.), Geschmack (In-Berührung-brinqen mit dem Munde), Geruch, Gehör oder Gesicht. Demnach empfängt das Gehirn Form-, Geschmacks-, Geruchs-, Licht- und Tonwahrnehmungen, die alle durch ein besonderes Sinneswerk- zeug aufgenommen und hiernach verschieden artig behandelt werden.

2. Nachdem die Empfindung – wie das Licht durch das Prisma – zerstreut worden ist, wird sie wieder in einem bestimmten Bereich der Nervenzentren gesammelt. Sowohl die Sehnerven als auch die Geruchs-, Geschmacks-, Gefühls- und Gehörnerven konzentrieren sich in Neurone-Anhäufungen oder -Knoten, die ihren Sitz auf dem Grunde des 4. Ventriculus (Klappe), in der Höhe des allgemein als Nacken bezeichneten Körperteiles, haben. Nicht durch die Augen

selbst empfangen wir eine Gesichtswahrnehmung wirklich, sondern durch den hinteren, in der Nackengegend gelegenen Teil des Gehirns; das gleiche gilt für alle anderen Empfindungen bzw. Wahrnehmungen auch.

3. Die durch ihren Aufnahmepunkt eingedrungene Empfindung wird von den verschiedenen Nervenorganen erfasst, verdichtet und „verdaut". Darauf dient sie dann zum Aufbau der „Geistesbilder", der Ideen, der Endergebnisse der psychischen Arbeit: das „Eidolon" der Griechen.

Mit volkstümlichen, einfachsten Worten könnte man zusammenfassend sagen: Die Idee ist das Ergebnis der Gehirnverdauung (cerebrale Verdauung).

Gleicherweise wie der Darmverdauung (abdominale Verdauung) das Endziel gesetzt ist, die von außen aufgenommenen Nährstoffe in menschliche Substanz umzuformen, hat die Gehirnverdauung das Ziel, die von der Außenwelt empfangenen Empfindungen in persönliche seelische Bestandteile oder „Ideen" umzuwandeln.

Die Idee bildet in der Tat ein Betätigungsfeld der menschlichen Persönlichkeit, das die Merkmale des individuellen Charakters eines jeden einzelnen trägt.

Ein dem Trunk ergebener Fuhrmann hat seinen eigenen Ideenkreis, seine Meinungen, seine ihm eigene Art der Lebensführung; ein Professor der Philosophie hat auch einen seiner Persönlichkeit entsprechenden Gedankenkreis. Es ist klar, dass diese beiden Ideenfelder voneinander abweichen, wie ein Stück Urwald verschieden ist von einem Lustgarten voll schöner Blumen und seltener Sträucher.

Das gleiche gilt in Übereinstimmung hiermit für die beiden Arten der cerebralen Produktion (Ideenerzeugung), von denen die eine im Gehirn des ständig berauschten Fuhrmanns, die andere in dem des Professors, das sich den höchsten Wahrheiten des Geistes erschließt, vor sich geht.

Dieser Vergleich beantwortet schon an sich die Frage, ob die Ideen dem Gehirn eingeboren sind oder ob sie nur das Ergebnis einer organischen Funktion darstellen, die durch den bekannten Vergleich: „Das Gehirn erzeugt den Gedanken, wie die Nieren den Harn ausscheiden" umschrieben worden ist.

Eine Eiche ersteht nicht in einem Augenblick! Ein Samenkorn dieses Baumes muss hierzu in ein günstiges Erdreich gesenkt werden, und die Einwirkungen der Sonne, der atmosphärischen Luft und die erforderliche

Spanne Zeit müssen hinzukomme, damit der herrliche Baum ersteht, den wir bewundern. Und auch die Erde kann ohne das erforderliche Samenkörnchen weder einen Baum noch auch nur die kleinste Pflanze erzeugen.

Der unbekannte Philosoph Claude de St. Martin war es, der in seiner hervorragenden Denkschrift diese Frage der „angeborenen" Idee gelöst hat. Im Gehirn existieren „Ideen-Samen", seelische Keime, die von der Empfindung genährt, von der nervösen Spannung erwärmt und von der inneren Sonne bzw. dem Selbstbewusstsein (Geist) ihre Färbung und Leuchtkraft erhalten. Erst aus all dieser Arbeit ersteht die Idee.

Die Vererbung wirkt verhängnisvoll und schicksalsgleich auf den Verstand ein; das persönliche Temperament, die folge des Vorherrschens eines Keimblättchens über die anderen, beeinflusst die Nervenkraft und ihre Zirkulation. Die innere seelische Verfassung (Liebe oder Hass, Wahrheit oder Irrtum, Freude oder Schmerz) wirkt ihrerseits auf die Färbung der Ideen im Augenblick ihrer Assimilation oder ihrer intellektuellen Festsetzung ein.

Das Zusammenspiel aller dieser Einzelhandlungen bestimmt die Bildung unserer psychischen Persönlichkeit auf Grund der jedem einzelnen eigenen Art der Bildung und Ausgestaltung der Gedanken.

Ist es zum Studium der Psychologie erforderlich, den Mechanismus der Umwandlung der Empfindungen in Ideen in allen seinen Einzelheiten zu kennen? Nicht mehr, als man das Räderwerk einer Uhr kennen muss, um feststellen zu können, wie spät es ist.

Dieses Studium steht jedem frei, für die Lösung des Problems ist es nicht unbedingt notwendig.

Wir werden uns jedenfalls bemühen, bei Wiederaufnahme dieser Frage die Aussagen der reinen Psychologie mit unseren Kenntnissen von der Physiologie der Nervenzentren zu erhellen.

Eines der Merkmale der abdominalen Verdauung ist die Auflösung des Verdauungsvorganges in verschiedene Verrichtungen (Aktionen). Die Mehlprodukte, Fleischstoffe und Fette werden in aufeinanderfolgenden Zentren umgebildet und zum Schluss übernehmen die Därme eine letzte, endgültige synthetischer (zusammenfassende) Revision (Sichtung).

Auf den ersten Blick scheinen die Empfindungen bei ihrer Aufnahme nach Klassen eingeteilt zu werden und wir wissen, dass an Stelle eines einheitlichen Aufnahmemittels der Empfindung fünf verschiedene Zentren (Sinne) die vielartigen Gefühlswahrnehmungen, sowie die des

Geschmacks, des Geruchs, die feineren des Gehörs und des Gesichts in den 4. Ventriculus leiten, dessen Kern seine Wurzeln in das mittlere Gehirn, den Träger der Verstandeskraft, senkt. Das ist in der Tat das Wesentlichste der Gehirnfunktion. Ich gestatte mir, hier an die elementarsten Grundsetze der Physiologie vom Nervensystem zu erinnern.

Das Mark hält keinerlei Eindrücke fest. Die hintere graue Substanz nimmt eine Empfindung auf, die automatisch zur vorderen grauen Substanz befördert und in Bewegung umgesetzt wird. Das ist die rein automatisch maschinell funktionierende Reflexerscheinung. Wenn die Markstränge nicht bis ins Gehirn führen, bleibt alles nur „Reflex, nicht von dem, was als Empfindung eintritt, bleibt hier zurück und die Empfindung tritt aus dem Menschen als Bewegung, als Handlung wieder aus.

In jedem bestehenden cerebralen Organ bildet sich als erste, grundlegende Eigenschaft die Möglichkeit der Konservierung jeder wahrgenommenen Empfindung aus. Diese Empfindung kann deutlich erkennbar als zentrifugale Bewegung – wie im Mark – zurückgestrahlt werden, aber sie kann auch in irgendeinem Teil des mittleren Gehirns als in das Gedächtnis eingeordnete Idee festgehalten werden, um erst sehr viel später einmal als Bewegung, sei es nun in Worten oder sonst wie, zur Äußerung zu kommen.

Neben dem Zentrum der Empfindungsaufnahme und dem die Bewegungsbefehle aufgebenden Zentrum verfügt das Gehirn über eine ganze Reihe ihm eigener Organe, die der Betätigung der sogenannten Verstandeskräfte dienen.

Der Verstand beherrscht die Umwandlung der Empfindungen in seelische Bilder, in Ideen, ferner die Einordnung der Ideen in das Gedächtnis, alle Arbeiten, die von der Phantasie, dem Vorstellungsvermögen, an diesen Ideen vollzogen werden und endlich auch die Erschließung dieser Ideen gegenüber den Bewegungsorganen des Vorderhirns.

Jede zur Idee gewordene Empfindung kann also einen vollkommen selbständigen Teil der individuellen seelischen Veranlagung bilden. Der gleiche Vorgang geht in den abdominalen Zentren vor sich, wo jede verdaute und assimilierte Substanz dazu berufen ist, einen unabhängigen Teil des physischen Organismus zu bilden, sei es nun, dass sie sich sofort in eine aktive Zelle umformt, sei es, dass sie eine Reservestellung in einer Lymphganglie oder einer Fettschicht bezieht, wo sie gleich der im Gedächtnis in Reserve gehaltenen Idee verbleibt, bis sie später zur gegebenen Zeit nutzbar gemacht wird.

Man wird hier sicher einwenden, dass wir das Problem der Umwandlung der Empfindungen in Ideen nicht lösen! Wir haben diese Absicht zunächst auch gar nicht, wir wollen einzig versuchen, diese Frage ein wenig zu lichten, indem wir dazu die analogische Methode zu Hilfe rufen. Was bemerken wir bei der Verdauung einer kleinen Menge Faserstoff durch den Magen, bei der Peptonisation (Verdauung des Eiweißes) der Humanisation (Umwandlung von tierischen in menschlichen Zellen), wenn wir diese Erscheinungen in großen Zügen studieren?

Wir sehen, dass neben dem durch die Magendrüsen erzeugten Magensaft auch noch die durch die Blutzirkulation hervorgerufene organische Warme und verschiedene Bewegungen, die vom Nervensystem – besonders vom großen Sympathikus – ausgehen (abgesehen von den Ausscheidungsprozessen der Drüsen) erforderlich sind.

Damit dieses dem Tierreich entstammende Faserstoffteilchen in menschliche Zellen umgewertet werde, müssen zwei, höheren Gebieten entstammende Kräfte hinzutreten: die vom Brustkorb ausgehende Blutwärme und der nervöse Anreiz, der vom Kleingehirn durch den inneren Nervenstrang kommt. Dieser Nervenstrang leitet bis in die vordere graue Substanz, in der der große Sympathikus (Nervenstrang) seine Quelle hat. Sollte für die Idee nicht das gleiche gelten?

Ist zur Umwandlung von Empfindunqen in Ideen nicht außer der örtlichen nervösen Spannung und den Neuronen, die nur die Rolle stofflicher Leitungen spielen, auch das Auftreten höherer Kräfte erforderlich, von denen die eine dem universalen Leben der Natur und die andere göttlichen Bereichen entstammt, jenen unbekannten Gebieten des Physiologen, in denen der Geist, das Bai der alten ägyptischen Weisen herrscht?

Ich bin mir wohl bewusst, dass ich – wenn ich das Problem auf diese Grundlage bringe – den Widerspruch sämtlicher Transformisten (Umwandler), Evolutionisten und Materialisten heraufbeschwöre, jener Leute, die neue Ideen durch anmaßende Worte zu ersetzen pflegen; aber das kümmert mich wenig. Ich versuche, begreiflich zu machen, dass jeder Aufstieg, jede Entwicklung, wenn man sie von ihrem wahren Gesichtspunkt aus betrachtet, die Unterstützung zweier höherer Kräfte: zwei Opfer, zwei Rückbildungen (Involutionen) voraussetzt, und dass kein Grund vorhanden ist, dieses Gesetz, das überall Gültigkeit hat, nicht auch auf die Psychologie, und selbst auf die elementare, anzuwenden.

Ziehen wir hierbei nur einen unserer volkstümlichen Vergleiche: Nehmen wir ein Holzscheit, ein kleines Teilchen eines ehemals herrlichen Baumes. Dieses Scheit ist gebildet aus:

1. Ein wenig Erde, die mit vieler Mühe von der Wurzel des Baumes aufgenommen und bis in die Zweige hinaufgetrieben worden ist.
2. Ein wenig Erd-Atmosphäre, die durch das Chlorophyll in die Blätter und in die anderen Atmungsorgane der Pflanze aufgenommen und von da aus durch das ganze Gebilde verteilt worden ist.
3. Ein wenig Sonne, die gleichfalls in der Baummasse festgehalten wurde.

Stellen wir nun ein alchemistisches Experiment an: Wir legen das Holzscheit ins Feuer! Sogleich wird die aufgenommene Sonne als Licht und Wärme entweichen, die Atmosphäre in vielartiger Gasform aufgehen und die Erde als Asche zurückbleiben.

Um diese Erde zum Baum werden zu lassen, bedurfte es des Opfers, der Abgabe, der Involution zweier höherer Kräfte: der Erd-Atmosphäre und der Sonnenstrahlen. Das gleiche gilt auf allen Gebieten der Natur.

Das veranlasst uns nun, der Auswirkung anderer als der rein physischen Kräfte in unserem rein stofflichen Gehirn (= in unserem Beispiel die Erde im Baum) nachzugehen, und wir können sagen, dass der Mensch mit der physischen Welt durch die Empfindung verbunden ist, und dass er weiter auch mit anderen Bereichen in Fühlung steht: durch das Gefühl einerseits und die Intuition bez. innere Erleuchtung anderseits.

In der Schöpfung geht in der Tat alles ineinander über und kein Gebiet kann ohne Zusammenhang mit den anderen erfasst und studiert werden!

Aber wir wollen nicht vorgreifen und auf unser Thema die Empfindung, zurückkommen. Diese Empfindung bietet sich der aus einem höheren Bereich herabkommenden Kraft dar, die das Gehirn ausschließlich als Ruhepunkt benutzt, und die wir Geist nennen.

Der Geist oder das Selbstbewusstsein gibt der Empfindung – neben der Umwandlung in die Idee – die persönliche Note desjenigen Individuums, in dem die Umwandlung vor sich geht. Der erzeugte Gedanke wird entsprechend dem Wesen des Geistes, der das Gehirn beherrscht, seine besondere Färbung haben. Der Gedanke wird anderseits auch eine eigene Energie aufweisen, entsprechend der Spannung des Verstandes, der die Empfindung transformiert, der sie, wenn man mir diesen Ausdruck gestattet, verbifiziert = versprachlicht (in Laute, Worte, Gesten usw. umsetzt). Die Empfindung wird also auf dreierlei Weise umwandelt:

1. Sie wird unter dem Einfluss der Nervenspannung, die in den rein physischen Organen, den Neuronen, besteht, ins Leben gerufen. Das ist die anatomisch-physiologische Seite der Frage.

2. Die Empfindung wird vom Verstand verdaut, der addiert, subtrahiert, multipliziert, schließlich die Brüche ausmerzt und mit Ausgleich des Quotienten, der zum Geistesbild, zur persönlichen Idee wird, dividiert; die Empfindung wird in Handlung umgesetzt = verbifiziert, sie erfährt den Einfluss der Kraft, die jeden auf die Welt kommenden Menschen erleuchtet.

3. Endlich wird die Empfindung noch in das Bereich des Verstandes geleitet und erfährt die Erleuchtung des Geistes. Ihre Färbung erhält sie durch das dem fleischlichen Menschen eigene Licht, in das ein Funke des göttlichen Geistes inkarniert ist. Die Idee ist von violettem, dunklen Farbton, wenn der Geist das Gehirn eines in Zweifeln befangenen Wesens zum physischen Träger hat; sie ist von hellem, weißem oder sonnenhaftem Licht, wenn es sich um ein Gehirn handelt, das von der Gegenwart des wahren Gottes oder vom Strom der großen Weltenliebe erfüllt ist.

Vita – Verbum – Lux (Leben – Wort – Licht): das sind die Schlüssel zu den drei Kräften, die aus der Höhe zu uns herabsteigen, um einen aus der Außenwelt eindringenden Anreiz in eine kleine, zitternde Flamme, die menschliche Idee, zu verwandeln.

Die Mehrheit der Philosophen des Altertums dachte sich die Idee als Bild. Dieser Gedanke kommt in dem griechischen Wort „Eidolon" zum Ausdruck. Daher das deutsche Idol-Abbild.

Wenn uns irgend ein Ereignis vom Unsichtbaren, vom Jenseits vorangezeigt werden soll, so geschieht dies meistens durch eine ganze Reihe lebender Bilder, die uns im Traume, während des natürlichen Schlafes erscheinen! So haben viele göttlich inspirierte Kunstwerke in diesen Bildern, Erscheinungen oder Klängen ihren Ursprung. Es darf nicht in Verwunderung setzen, dass wir hier auf Träume und göttliche Künste zu sprechen kommen; die wahre Wissenschaft trennt Tatsachen und Geschehnisse nicht in ernste bzw. akademische = geistige und in nicht ernste bzw. weltliche. Alles Bestehende hat Anspruch auf ernsthaftes Studium und die Traumbilder bestehen – was nun auch immer ihre reale Ursache sein mag.

Diese Sprache in Bildern ermöglicht die Verständigung mit jedem Menschenhirn, ohne dass hierzu die Anwendung der dem angeredeten Wesen eigenen Sprache erforderlich ist. Beweise hierfür liefert uns der Film, der, wenn er gut aufgenommen ist, sowohl von einem Chinesen als auch von einem Engländer, einer Rothaut oder einem Araber verstanden wird.

Es ist dies im wahren Sinne des Wortes eine Weltsprache, eine genaue Nachahmung der Sprache des Unsichtbaren oder – wenn man diesen Ausdruck nicht gelten lässt – eine Imitation der Traumsprache und auch der der Empfindung entnommenen Geistesbilder.

Jede Empfindung wird also zunächst in ein Geistesbild oder in eine Idee umgewandelt. Diese Idee kann unmittelbar von der Kraft gebildet werden, die die Gedanken formt, sie, vereinigt, trennt und gruppiert: die Phantasie, das Vorstellungsvermögen. Die Idee kann aber auch im Gegensatz hierzu sofort im Gedächtnis festgehalten und immobilisiert (stillgelegt) werden, aus dem die Phantasie sie eines Tages wieder hervorsuchen wird.

Aus dem Bereich des Verstandes hervorgegangen, durchläuft die Idee das Bereich des Willens und wird zur gedanklichen Kraft, zum dynamischen, kraftmäßigen Bild, das fähig ist, die Bewegungsorgane des Körpers zu beeinflussen, und das durch diese an die Außenwelt weitergegeben werden kann.

Die anatomische Physiologie einerseits, die anatomische Pathologie anderseits haben lange den Bewegungszentren der artikulierten Sprache, der Verbindung der hierzu erforderlichen Ideen und einer Unzahl diesbezüglicher Tatsachen nachgeforscht. Wir brauchen hier nur in Erinnerung zu bringen, dass die Neurone einfach eine Leitung, ein Träger ist, der in gewissen Ausnahmefällen auch von jedem anderen Organ ersetzt werden kann. Bei der Feuersbrunst im „Hotel-Dieu" sind Kranke, deren Beinbewegungsnerven vollständig gelähmt bzw. geschwächt waren, unter dem Einfluss der Todesgefahr davongelaufen. Man muss also mit dem Studium der cerebralen Ortsbestimmungen, wie auch mit jeder anderen Forschung dieser Art, sehr vorsichtig sein.

Zusammenfassend können wir folgende Stufenleiter aufstellen:
- Empfindung.
- Sensibles Geistesbild oder Idee.
- Durch das Vorstellungsvermögen umgeformte oder im Gedächtnis zurückgehaltene Idee.
- Ideeliche Kraft oder Willensäußerung.

- Betätigung der Bewegungsorgane (Larynx=Kehlkopf).
- Durch Worte (artikulierte Sprache) zum Ausdruck gebrachte Idee, oder durch Gesten, Zeichnung, Hieroglyphen, Schrift = festgehaltene Idee.

Das ist der in einer sehr elementaren, fast kindlichen Art ersonnene Kreislauf dieser psychologischen Frage in ihren Beziehungen zur Anatomie und zur Physiologie.

Nun müssen wir das Problem erweitern und uns fragen, ob die Empfindung nur auf ein Zentrum des Menschenwesens oder aber auf mehrere einwirkt.

Diese Frage ist von Fabre d'Olivet aufgenommen worden und glänzend durchgeführt in seiner „Philosophischen Konstitution des menschlichen Wesens", die seiner Arbeit über die „Soziale Lage des Menschen" als Einleitung dient.

Er zeigt zunächst in Übereinstimmung mit allen Eingeweihten des Altertums, dass der Mensch nicht nur ein sondern drei Zentren aufweist, die dem Gebiet der Sensibilität angehören.

So ruft eine Empfindung, die die organische und physische Domäne des Instinkts betätigt, als Ergebnis dieser Umformung Freude oder Schmerz in ihren verschiedenen Ausmaßen hervor.

Bei Betätigung des uns einverleibten universellen Lebens wird die Empfindung durch ihre Einwirkung auf das Bereich des Gefühls einen ganz anderen Charakter erlangen, der ein Gefühl der Liebe oder des Hasses in sich schliefst.

Endlich – bei Betätigung des uns inkarnierten göttlichen Geistes wird die Sensibilität mit Einwirkung auf das Bereich der Erkenntnis in uns – diesem hohen Aktionsfeld entsprechend – den Eindruck von Wahrheit oder Irrtum hervorrufen.

Diese drei Triebe: Freude, Liebe und Wahrheit bzw. Schmerz, Hass und Irrtum, sind Leidenschaften, d. h. sie können Verstand und Willen in einen eigenen Taumel treiben, dem der Wille entweder zustimmen oder aber entgegentreten und ein Ende setzen kann, je nach seiner Erziehung zum Widerstand oder zur leichten, widerstandslosen Annahme von Einflüssen durch die Leidenschaftszentren.

Diese Abrichtung zur Bändigung der Leidenschaften ist es, die die Grundlage jeder religiösen, philosophischen und selbst initiativen (einweihenden) Erziehung bildet, und die in das menschliche Streben den Zug des wahrhaft Erhabenen hineinbringt. Der Unterricht bildet für diese Selbstzucht nur eine sehr schwache Beihilfe, und man begreift, dass

Geschöpfe mit sehr elementarer Bildung, wie der Pfarrer von Ars, durch die Entwicklung ihrer Geisteskräfte zu Leuchten der Menschheit werden konnten.

Der Fall der Jeanne d'Arc ist hierfür noch viel charakteristischer. Mit der Inspiration des göttlichen Geistes ging ihre eigene Persönlichkeit vollkommen verloren – und doch konnte sie nicht einmal lesen.

Dieses Übergewicht der Erziehung über den Unterricht, die schulmäßige Bildung, entgeht gewissen materialistischen Philosophen so vollkommen, dass sie in allen Fällen unmittelbarer Kundgebungen höherer Kräfte in der Menschheit pathologische Erscheinungen zu erblicken pflegen. Sie begreifen die höhere Vernunft nicht, die Newton dazu getrieben hat, den Schlüssel der Apokalypse zu suchen, und die die Jünger des Heilands veranlasste, alles aufzugeben, um dem Meister zu folgen. Das sind jene Philosophen, die in Jeanne d'Arc das hysterische Weib und in Cakya-Mouni den mit ererbtem Wahnsinn Behafteten suchen. Beleidigen oder angreifen wollen wir sie nicht, wohl aber sie beklagen und abwarten, dass ihr Verstand die genügende Reife erlangt, um die Probleme der uns einverleibten göttlichen Kräfte mit Erfolg zu behandeln.

Der Verstand hat also nicht nur Empfindungen bzw. Wahrnehmungen in Ideen umzuformen, sondern auch Gefühle und Intuitionen, und das Gedächtnis hat sowohl Bilder des brennenden Verlangens eines Feinschmeckers nach einem delikaten Gericht festzuhalten, als auch die beseligenden Bilder der Zeit der ersten Liebe und die beglückenden Bilder der Erkenntnis einer lange vergeblich gesuchten Wahrheit.

Das tiefstehende. zurückgebliebene zweibeinige Tier, das nur den Namen Mensch führt, findet Befriedigung im Wein und im tierischen Rausche.

Auf einer höheren Stufe sucht es Befriedigung im Weibe und im Sinnesrausch.

Auf einer noch höheren Stufe wird die intellektuelle Berauschung an der Erkenntnis der Wahrheit zur Quelle seines Glücks.

Über Runen und Hakenkreuze.

Von Universitätsprofessor Dr. E. Mogk-Leipzig.

Wie oft begegnet man jetzt dem Hakenkreuz und der Rune als Symbolen vaterländischer und völkischer Gesinnung! Die Gesinnung ist recht und löblich, aber welche phantastischen Vorstellungen verbinden sich mit Wort und Sache! „Rune bedeutet das geheime Recht, das alle verbindet, und das Hakenkreuz symbolisiert die arische Ordnung", behauptete noch jüngst solch ein phantastischer Schwärmer. Exakte Forschung, die sich auf Tatsachen gründet, gibt es für derartige Leute nicht. Sie leben ihrer Idee, und dieser muß sich alles beugen. Aber mit solchen Anschauungen ist weder der Wahrheit noch dem Vaterland gedient.

Was zunächst das Wort „Rune" betrifft, so ist dieses nicht deutschen, sondern skandinavischen Ursprungs. Wohl kommt im Althochdeutschen ein Wort rûna vor, das stellenweise schon die Bedeutung „Buchstabe" angenommen hat, aber im allgemeinen „geheimes Geflüster, geheimes Gespräch" bedeutet. Lebte dieses fort, so lautete es im Neuhochdeutschen „Raune". Das Wort ist vielmehr erst im 17. Jahrhundert zu uns aus Skandinavien eingewandert, wo damals eine eifrige Beschäftigung mit diesen Schriftzeichen der Vorzeit eingetreten war. Denn Skandinavien ist das klassische Gebiet der Runenüberlieferung wie der Runenforschung. Hier hat seit der frühsten geschichtlichen Zeit bis in die Neuzeit der Gebrauch der Runen nicht ganz aufgehört, und in abgelegenen Gegenden kann man noch heute zuweilen den Runenkalender finden. In Skandinavien haben wir auch die einzigen Zeugnisse, die uns neben den Denkmälern über die Bedeutung und den zwiefachen Gebrauch der Runen aufklären. Dieses sind nämlich Schriftzeichen, die entweder zu kurzen Mitteilungen oder zu magischen Handlungen gebraucht wurden. Die erstere Verwendung finden wir auf dem ganzen germanischen Gebiete, aber die Zahl der Denkmäler in Deutschland steht in keinem Verhältnisse zu der in Skandinavien. Denn während dort noch nicht einmal 20 gefunden worden sind, zählen sie im germanischen Norden zu Tausenden. Das hängt damit zusammen, daß in Norwegen der Brauch aufkam, Toten zum Gedächtnis Runensteine zu setzen, durch die sie gleichsam in der Runenschrift fortlebten, eine Sitte, die sich schnell über ganz Skandinavien und Dänemark verbreitet und in Schweden ihren Höhepunkt erreicht hat. Daher ist man auch hier viel früher von wissenschaftlicher Seite den Runendenkmälern nachgegangen als in Deutschland, wo man erst im 19. Jahrhundert nach ihnen in heimischem Boden forschte. Waffen und Schmuckgegenstände, namentlich Spangen, die dem Zeitalter der Völker= wanderung angehören, sind es, die die ältesten Inschriften in Runen bergen. Nur wenige Worte enthalten sie, oft nur den Namen dessen, dem der Gegenstand gilt, und dessen, der ihn verschenkt. Selten, wie auf der Nordendorfer Spange, finden sich ganze Sätze. Die Formen der Runen sind in den ersten Jahrhunderten ihres Auftretens auf dem ganzen ger= manischen Gebiete, in Deutschland und England wie in Skandinavien die gleichen und Vertreter des gleichen Lautes. Das weist auf eine gemein= same Quelle hin, auf eine gemeinsame Runenreihe. Und diese ist uns erhalten. Nicht weniger als fünf Denkmäler besitzen wir, die uns die Zeichen in gleicher Reihenfolge überliefern, Denkmäler, die verschiedenen germanischen Ländern angehören: Die Spange von Charnay in Burgund, ein in der Themse gefundenes kleines Schwert, die beiden Brakteaten von Vadstena und Grumpan in Schweden, und der Stein von Klyfver auf Gotland. Danach ist die Reihenfolge:

$$\text{Y} \cap \text{P} \text{P} \text{R} \langle \text{X} \text{P}$$

f u th a r R g w

$$\text{H} \times \text{I} \text{Ч} \text{Ʃ} \text{Γ} \text{Ψ} \text{Ч}$$

h n i j é p R s

$$\uparrow \text{B} \text{M} \cap \Gamma \diamond \text{R} \bowtie$$

t b e m l n g o d

Mit wenigen graphischen Änderungen auf diesem oder jenem Denkmal sind alle Inschriften der älteren Zeit, bis ungefähr 800, mit diesen 24 Zeichen wiedergegeben, und auch die angelsächsischen Erweiterungen und die spätere skandinavische verkürzte Reihe gehen auf diese gemeingermanische Reihe zurück. Nach den ersten sechs Zeichen pflegt man sie Futhark zu nennen und in drei Abschnitte zu je acht Zeichen zu teilen (ottiv).

Es entsteht nun die Frage: Ist dieses germanische Futhark ur= germanisch, ja urarisch, wie die Hakenkreuzleute annehmen, oder ist es in frühgeschichtlicher Zeit an einem bestimmten Orte nach fremdem Vor=

bilde entstanden und hat sich von hier aus über das germanische Gebiet verbreitet? Wir müssen da von einem negativen Zeugnisse ausgehen. Sicher seit der Bronzezeit, wahrscheinlich aber noch früher haben Germanen in einem großen Teile Deutschlands und Skandinaviens gesessen. Aus dieser vorhistorischen Zeit besitzen wir zahlreiche Erdfunde, die zu Tausenden zählen, besitzen wir die nordischen Felsenzeichnungen, eine alte Bilderschrift und auch sonst bilderähnliche Ritzungen, aber nirgends findet sich ein Zeichen, das zu einer Rune gestellt werden könnte. Und daran ändert auch der neolithische Scherben nichts, den jüngst Moschkau in Nordböhmen gefunden hat, da ja ganz ungewiß ist, welches Volk in jener Zeit in Nordböhmen saß. Wären die Runen damals bekannt gewesen mit ihrem magischen Werte, so hätten wir sicher die eine oder andre auf plastischen Gegenständen wie das Sonnenrad oder das Hakenkreuz u. dgl. Erst mit der Wanderung germanischer Stämme nach dem Süden und nach der Berührung mit den Römern setzen die Denkmäler mit Runenschrift ein und sind von dieser Zeit an keine seltene Erscheinung. Vor dem 3. Jahrh. n. Chr. können wir kein einziges Runendenkmal nachweisen. Diese Tatsachen machen den urgermanischen Ursprung der Runen ganz unmöglich. Sie müssen also, was ja schon längst von der Forschung als feststehend anerkannt ist, in frühhistorischer Zeit in einer bestimmten Gegend entstanden sein und sich von dort über das germanische Gebiet verbreitet haben. Nun wies der schwedische Archäologe Salin an der Hand der Erdfunde nach, daß sich in den ersten Jahrhunderten unserer Zeitrechnung nördlich vom Schwarzen Meere, wo sich griechisch-orientalische und römische Elemente verbanden, eine besondere Kultur entwickelt habe, die u. a. in der Form der Spange zum Ausdruck kam. Diese Kultur, in deren Gefolge er schon die Runenschrift wähnte, sei dann durch germanische Stämme nach dem Norden gebracht worden. Hier am Schwarzen Meere hatten sich aber seit dem Anfang des 3. Jahrhunderts Goten angesiedelt. Unter diesen kann also nur der Schöpfer des Runenfuthark zu suchen sein. Zu gleichem Ergebnis kamen dann zwei andre nordische Gelehrte, S. Bugge und O. von Friesen, die den Nachweis führten, daß das Futhark in Anlehnung an das griechische Alphabet und mit Benutzung einiger römischer Buchstaben gebildet sei, also nur dort entstanden sein könne, wo Griechen und Römer zusammen wohnten. Und das war im 3. Jahrhundert nördlich vom Schwarzen Meere der Fall. Zugleich bezeichnete man mit jeder Rune einen besonderen Gegenstand, z. B. mit der f-Rune faihu = das Vieh. Diese Tatsache und die eigenartige Reihenfolge der Zeichen, sowie die Dreigliederung in je acht Runen, die nach M. Olsens Nachweis ihren Ursprung in der griechischen Buchstabenmagie hat, lassen vermuten, daß die Runen ursprünglich zu magischen Zwecken gebildet sind, wozu sie ja auch noch in der ganzen Runenperiode gedient haben. Aber wie die griechischen Buchstaben wurden die Runen auch zu gleicher Zeit als Schriftzeichen benutzt. Von Südosteuropa verbreiteten sie dann germanische Stämme nach Norddeutschland und Skandinavien, wo man schon im 3. Jahrhundert die ältesten Runendenkmäler antrifft. Während aber auf deutschem Boden die Einführung der lateinischen Schrift ihre Verbreitung verkümmern ließ, erhielten sie sich im Norden lange als einziges Mittel kurzer schriftlicher Überlieferungen. Hier machte das 24 stäbige Futhark auch einen Vereinfachungsprozeß durch: vom 10. Jahrhundert ab wurden die tonlosen und tönenden Verschlußlaute (p—b; k—g; t—d) durch ein Zeichen wiedergegeben und ebenso fielen ähnlich klingende Vokale (i—e; u—o) zusammen, so daß die ganze Runenreihe auf 16 Zeichen zusammenschmolz. Auch bekamen einige Zeichen andre Form. Zugleich trifft man jetzt auch einzelne Personen, die sich fast gewerbsmäßig mit dem Ritzen der Runen beschäftigten, woraus sich die Gleichförmigkeit erklärt. Dieses 16 stäbige, speziell nordische Futhark beherrscht die zahlreichen Runensteine, namentlich Schwedens. Es liegt auch den Runenkalendern zugrunde, die auf längliche Stäbe eingeritzt wurden. Hier vertraten die ersten sieben Runen die Wochentage, die sich deshalb 52 mal wiederholten. Aber bald sah man ein, zuerst in Dänemark, daß die 16 Zeichen nicht genügten, um alle Laute der Sprache wiederzugeben, und so schuf man unterscheidende Zeichen, indem man in die bestehenden Punkte einfügte; es entstanden die sogenannten punktierten Runen. Als es dann auch galt, Diphthonge wiederzugeben, da vereinte man die Vokalrunen und bildete so die Zweigrunen.

Einen andern Weg als Skandinavien ist England gegangen. Hier hatten die Angelsachsen das 24 stäbige Futhark jedenfalls aus der Heimat mitgebracht. Aber ihrer Sprache genügte dieses nicht zur Wiedergabe ihres reich entwickelten Vokalsystems, und so wuchs die englische Runenreihe allmählich bis auf 33 Zeichen. Hier erhielten sich auch besonders die Runennamen; es entstanden ferner zu den einzelnen Runen Verse und beides wurde handschriftlich aufgezeichnet. Diese Runenhandschriften sind von den angelsächsischen Missionaren auch mit nach Deutschland gebracht und mehrfach hier nachgebildet worden.

Anders als mit den Runen steht es mit dem Hakenkreuz. Während jene den Germanen allein eigen sind, findet sich das Hakenkreuz auch bei andern Völkern, vor allem bei allen der indogermanischen Rasse, während es bei Ägyptern, Phöniziern und andern Stämmen nicht nachweisbar ist. Auch wilde Völker kennen es. Es findet sich auf Spinnwirteln und

Tonkugeln der alten Trojaner, auf altgriechischen Münzen, begegnet oft in den römischen Katakomben, aber auch als Tätowierungszeichen auf dem Körper der Afrikaneger. Auf germanischem Boden steht es in engem Zusammenhang mit der Leichenverbrennung. Vor dem jüngeren Bronze=zeitalter freilich ist es hier nicht nachweisbar und scheint, wie S. Müller annimmt, mit der Leichenverbrennung eingewandert zu sein. Es findet sich vor allem auf Grabbeigaben, auf Brakteaten, auf Schmuckgegenständen, die ursprünglich unheilabwehrende Amulette sind, wie es ja auch selbst als Amulett noch mehrfach bis in die Neuzeit getragen wird. In den Schneckengebäcken hat es sich bis auf den heutigen Tag erhalten, und in manchen Gegenden, besonders in Schweden, spielt es als Hausmarke eine wichtige Rolle. Im Mittelalter wurde es auch vielfach auf Grabsteine eingemeißelt. In skandinavischen Gegenden ist es auch in Verbindung mit dem Gewittergott Thor gebracht worden und heißt geradezu Thors Hammer. Unter dieser Bezeichnung ist es zu den benachbarten Lappen gewandert, wo es sich auf Zaubertrommeln findet und als Symbol des Donnergottes Hora=galles aufgefaßt wird. Bei dieser Verbreitung des Hakenkreuzes ist es schwer, seine ursprüngliche Bedeutung festzustellen. Sie mag auch bei den einzelnen Völkern, in den verschiedenen Zeiten ver=schieden gewesen sein, nur das eine scheint sicher, daß es ein Schutzmittel gegen unheilbringende Mächte gewesen ist, wofür schon seine Verwendung auf und zu Amuletten spricht, die sich fast bei allen Völkern findet. Als Abwehrmittel mag man es auch mit dem germanischen Donnergott in Zusammenhang gebracht haben, da dessen Donnerwaffe als solches galt.

Mit diesem obigen Aufsatz wollte ich zeigen, wie die Heiligkeit der Runen deformiert wurde und auch heutzutage noch wird. Man unternimmt alles, damit man die Runen weder in Zusammenhang mit der Arischen Rasse bringt oder man stempelt sie ab als billige Zauberzeichen. Das manchmal sogar Lügen vorkommen, bestätigt die Aussage des Autors, dass das Hakenkreuz nicht im Ägypten vorkommt. Ich persönlich habe schon an mehreren ägyptischen Papyri solche Symbole vorgefunden wie auch den östlichen Swastanasa oder andere Stellungen, welche auf die Runen hinweisen. Wer mir nicht glaubt, sollte selber nachforschen.

7. Liste der Runenbücher
H. Arntz

Als ich hörte, das Helmut Arntz in seinem Werk „Handbuch der Runenkunde" 1935 eine Liste von Runenbücher veröffentlichte, besorgte ich mir dieses Buch als Neuauflage im Lempertz-Verlag. Doch ich war überrascht, als ich sah, dass die Liste in der Neuauflage von 2007 fehlte. Aber das kannte ich schon von anderen Werken. Nur in diesem Fall war das von großer Bedeutung, denn wir sollten ja die heilige Sprache wieder zugänglich machen. Deshalb kaufte ich mir das Buch aus dem Jahre 1935 und bringe hier die Bücherliste mit den relevanten Werken erneut heraus:

*

Eine vollständige Bibliographie der Runologie fehlt durchaus; und auch ich kann sie – schon aus Platzgründen – an dieser Stelle nicht geben. Ich führe nur die Werke auf, die nicht lediglich historische Bedeutung haben, da diese zu Eingang von Wimmers „Runenschrift" sowie in den unten angeführten Katalogen ziemlich vollständig genannt sind. Wesentlicher ist, dass ich die im Text genannte Literatur hier nur teilweise wiederholt habe, um Raum zu sparen. Es kann also geschehen, dass wichtige Werke hier nicht aufgeführt sind, weil ich sie an anderer Stelle ausführlich gewürdigt habe. Ich glaube in meinem Handbuch alle bedeutungsvollen Werke über Runen seit 1874 genannt zu haben. Eine vollständige Bibliographie für Schweden bis 1874 findet man bei O. Montelius, Bibliographie de l'archeologie prehistorique de la Suede, Stockh. 1875; fortgesetzt von dems. für 1875 bis 1881 in Sv. fornm. tidskr. III, 187ff., 299ff.; IV, 181ff.; V, 102ff. Vgl. weiter Möbius, Catalogus 17-20; Verzeichnis 9-14. Für 1881ff. besitzen wir die Jahresbibliographien in der Germania, dem Jahresbericht über die Erscheinungen auf dem Gebiete der germ. Philologie und vor allem im Arkiv f. nord. fil. 1ff. Wimmers Bibliothek ist in L. F. A. Wimmers Bogsamling (Kobh. 1912) und bei L. Nielsen,Collectio Runologica Wimmeriana. Fortegnelse over L. F. A. Wimmers runologiska o. a. Samlinger i det kgl. Bibl. Kbh. (1915, 565 Nummern) verzeichnet. Zusammen mit H. Hermannsson, Catalogue of Runic Literature (forming a part of the islandic Collection bequeathed by Willard Fiske, Oxford Uno Press 1918) ist damit leidliche Vollständigkeit bis 1916 erreicht. Die schier zahllose Literatur über einzelne Inschriften konnte ich nicht aufführen. Für ältere Nachweise s. den Anhang bei F. Burg; Die ältesten nord. Runeninschriften (1885), für die schwedischen Runeninschriften A.

Noreen, Aschwed. Grammatik 1904, 7f. A. Johannesson gibt in seiner Grammatik der urnord. Runeninschriften zu jeder Inschrift ein ausführliches Schriftenverzeichnis. Im Übrigen vergleiche man die Ausgaben der Denkmäler für Norwegen, Dänemark und Schweden. Wenn die deutsche Literatur stark hervortritt, geschieht das nicht aus übertriebenem Nationalgefühl. Dieses Buch will Studenten, und vor allem deutsche Studenten, in die Runologie einführen; und darum gab ich nach Möglichkeit Literatur in der Muttersprache. Dass es nicht auf Kosten eines irgendwie wichtigen skandinavischen Runenwerkes geschah, ist selbstverständlich.

Wo ich Schriften anführte, die vor ernsthafter Wissenschaft nicht bestehen können, habe ich mir den Zusatz Phant. (= phantastisch) erlaubt, um den Leser zu warnen. Bloßes Verschweigen ist wohl einfacher, aber m. E. nicht zweckmäßiger. Gebrauchte Abkürzungen sind im Arkiv erklärt:

Aarboger for nordisk Oldkyndighed og Historie. Kobenhavn 1866ff. (=Aarb.).

Abecedarium Nordmannicum. In: Denkmm. dt. Poesie und Prosa aus dem VIII.-XII. Jahrh. Hg. von Karl Müllenhoff und W. Scherer. 3. Ausg. von E. Steinmeyer. Berlin 1892. I, 19-20. II, 55-57.

Niels Aberg, Bronzezeitliche und früheisenzeitliche Chronologie. Stockholm 1932.

Sigurd Agrell, Runomas talmystik och dess antika förebild. Lund 1927. VIII, 216 S. (= Skrifter, utg, av Vetenskaps-societeten i Lund 6). [Bespr. von E. Moltke, APhS. 3, 90-96. – C. Marstrander, NTS. 1, 254-261. – F. Mosse, Revue critique, NS.T. 95, Jahrg. 62, 440 bis 444.]

- Der Ursprung der Runenschrift und die Magie. Ark. 43, 1927, 97 -109.

Sigurd Agrell, Zur Frage nach dem Ursprung der Runennamen. Lund 1928. 70 S. (= Skrifter, utg. av Vetenskaps – soc. i Lund 10). [Bespr. von F. Mosse, Rev. germ. 21 (1930), 45-47.)

- Studier i senantik Bokstavmystik. Eranos 26, 1928, 1ff., bes. 50ff.

- Rökstenens chiffergator och andra runologiska problem (K. hum. Vetensk.samf. i Lund. Arsber. 1929-1930. S.25-144). Lund 1930.

- Senantik Mysterieligion och nordisk runmagi. En inledning iden nutida runologiens grundproblem. Stockholm 1931. 277 S. [Bespr. von G. Knudsen, Danske Studier 1931, 88f.]

- Die spätantike Alphabetmystik und die Runenreihe. Lund 1932.

- Lapptrummor och runmagi. 1933.

Über Agrells Theorien s. o. unter „Runen und Magie".

Oscar Almgren, Sveriges fasta fornlämningar fran hednatiden. Stockh. 1904. Besonders 47-48, 73, 77, 88f.

- Det runristade guldhornets datering-ett bidrag till-ingenamnens kronologie: Nordiska Ortsnamn, hyllningsskrift tillägnad Adolf Noreen. Uppsala 1914, 217-225.

Erik Alund, Runorna i Norden. En kortfattad redogörelse för vara förfaders äldsta skrift. Stockh. 1904. [Bespr. von O. v. Friesen, HTsv. 25, Granskn. 7f.] [Populär.]

N. Andersen, Digte i sonderjytsk Maal. Aarb. 1889, 44.

Antiqvarisk Tidskrift för Sverige. Stockh. 1864ff.

Ari hinn frodi und Thoroddur runameistari, die Fortbildner des isländischen Alphabets. ZfStenogr. u. Orthographie XIX, 3. Heft.

Arkiv för nordisk filologi. Kristiania 1882ff. (= Arkiv f. n. f., Ny följd. Lund 1889ff.) (= Ark.). Besonders wichtig durch seine jährliche Bibliographie.

Jon Arnason, Islenzkr pjodsögur og aefintyri. I. bindi, Leipzig 1862. – S. vor allem das Vorwort von Guobr. Vigfusson über die isländischen Runenbücher späterer Jahrhunderte; auch S. 447-453.

Atlas de l'archeologie du nord representant des echantillons ... publie par la Soc. roy. des Antiquaires du Nord. Copenhague 1857. S.43ff., 135ff., 151ff.

K. v. Bahder, Die deutsche Philologie im Grundriss. 1883. Darin § 46, S. 88f.: Schriftzeichen.

L. Baltzer, Hällristningar fran Bohuslän. Göteborg 1881ff. [Keine Schriftzeichen!]

A. Chr. Bang, Norske Hexeformularer og Magiske Opskrifter. Chria, 1901-1902. [Bespr. von W. Köhler, DLZ. 1903, 314f.; von -bh-, LCbl. 1903, 747f.; von A. Heusler, ZfVkde. 14, 252.]

Fr. Bangert, Die vier Schleswiger Runensteine als Geschichtsquellen. ZdGesfSchleswig-Holsteinisch-Lauenburgische Geschichte 26, 257 bis 295.

Beiträge zur Geschichte der deutschen Sprache und Literatur. Halle a. d, S. 1874ff. (= PBB.).

Bidrag till kännedom om Göteborgs och Bohusläns fornminnen och historia. Stockholm 1874ff. (= Bidr.).

George F. Black, The runic crosses in the Isle of Man. The Academy XXX, 1886, 194.

R. O. Boer, Oergermaansch handboek. Haarlem 1918.

- Oudnoorsch handboek. Haarlem 1920.

- Studien over oudnoorsch spraakleer, Tijdschrift voor Nederlandsche Taal-en Letterkunde, Deel XXXIX, Afl. 3 en 4, 172ff.
- Runen en magie. Vragen des Tijds 1928, S. 194-212.
Johannes Boethius u. a., Dalska runinskrifter fran nyara tid. Fornvannen I, 1906, 62-91. [Bespr. von Th. v. Grienberqer, GGA. 1908, 426.]
Sten Boije, Bohusläns Runeninskrifter. Bidr. III, 258ff.
Henry Bradley, The runic crosses in the Isle of Man. Academy XXX, 1886, 126f., 194.
Erik Brate, Runologiska spörsmal. Stockh. 1886.
- (und Sophus Bugge) , Runverser. Undersökning af Sveriges metriska runinskrifter. Stockh. 1891. II, 442 S.
- Vers runiques. Resume du memoire precedant. Stockh. 1891, Antiqv. tidskr. f. Sverige X, 2.
- Fyrunga-stenen. Ark. 14, 329-351. 1898.
- De nya nordiska runverken, Sv. fornm. f, tidskr. 9, 319-336. (Bespricht Wimmer und Bugge.) [Bespr. Arch. f. Anthropologie 24. 672.] 1896.
- Runstenen i Orleans. [Jämte et meddelande af Henrik Schück.] Kgl. Akad. Manadsbl. 1901-1902, 58-78.
- Runinskrifterna pa ön Man. Fornvännen II, 1907, 20-34, 77-95.
- Östergötlands runinskrifter. Granskade og tolkade av E. B. Stockh. 1911. (= Sveriges runinskrifter II.)
- Pireus lejonets runinskrift. Antiqv. tidskr. f. Sverige. Del 20. nr. 3. Stockh. 1914.
- Alvastrablyet, Ög, 248. Forvännen 1918, 202-206.
- Besvärjelsen pa Björketorp- och Stentoftenstenarne. Ark. 35, 342.
- Runradens Ordningsföljd. Ark. 36, 1920, 193-207.
- Sveriges Runinskrifter [in historischer Anordnung, allgemeinverständlich]. (= Natur och Kultur 11.) Stockh. 1922.
- Ny Rökstenslitteratur. Ark. 38, 1922,294-304. [Bespricht Arbeiten von v. Friesen (1920); H. Pipping (1919 und 1921); I. Lindquist (1920); M. Olsen (1921).]
- Södermanlands runinskrifter. Granskade och tolkade av B. B. 1924.
- Svenska runristare. Stockh. 1925. 140 S. (= KVRAAH. D. 33: 5.)
Otto Bremer, Die Aussprache des R der urnordischen Runeninschriften. (Festskr. t. Pipping = SSLF. 175. S. 38-50.)
E. Brenner, Die archäologische Stellung der deutschen Runenfibeln. Korrespondenzblatt des Gesamtvereins dt. Geschichte- und Altertums-vereine 1913, 64.

Hans Brix, The inscription on the older Jellinge stone. APhS. II, 110 bis 114. Kbh. 1927.

- Lis Jacobsen, Niels Moller: Gorm Konge och Thyra hans kone. Runernes Magt. Kbh. 1927, 153 S.

- Runemester-Kunsten. Tilskueren 1927. Halvbd. 2. 231-240,317-324.

- Studier i nordisk Runemagi. Runemesterkunsten, upplandske Runestene, Rökstenen, nogle nordiske Runetekster Kbh. 1928, 126 S.

- Nye Studier i nordisk Runemagi. Aarb. 1929, 1-188.

- Systematiske Beregninger i de danske Runeindskrifter. 175 S. Kbh. 1932.

A.W. Brögger, Universitetets Oldsakssamling. Tilvekst for aarene 1904-1914 (II) samt for 1915. Oldtiden VI, Kria. 1917.

J. Brendum-Nielsen og Aa. Rohmann, Mariaklagen. Efter et runeskrevet haandskrift-fragment i Stockholms Kgl. Bibl. Kbh. 1929, 56 S.

Garleton F. Brown, The autobiographical element in the Cynewulfian rune passages, Engl. Studien XXXVIII, 1907, 196-233.

Karl Brunner, Über einige nordische Runenkalender. ZfVkde. 1911, 223-224.

G. D. Buck; A Grammar of Oscan and Umbrian. Boston 1904.

- E. Prokosch, Elementarbuch der oskisch-umbrischen Dialekte. Heidelberg 1904.

Alexander Bugge, Runerne. Sproget i den aeldre jernalder. In: Norges Historie. 1. Bd., 1. Del. Kria,. 1912, 132-141.

Sophus Bugge, Bemerkninger om Runeindskrifter pa Guldbrakteater. Aarb. VI, 1871, 171-226.

- Om Runeskriftens Oprindelse. Chria. 1874. (Saerskilt aftrykt af Chria. Vid.-Selsk. Forh. for 1873.) 4 S.

- Rune-Indskriften paa Ringen i Forsa kirken i Nordre Helsingland udgived og tolket. Chria. 1877. 58 S. [Bespr. von Th. Möbius, ZfdPh. 9, 478-84.]

- Runestenen fra Opedal i Hardanger. Ark. 8, 1892, 1-33.

- Fyrunga-Indskriften. Ark. 13, 1897, 317-359; 15, 1899, 142-151; 22, 1906, 1-23.

- Om Runeskriftens Begyndelser. Beretning om Forhandl. paa, det 5te nord. Filologmode. 1899.

- Runeindskrift pa en Stol fra Lillhärdal. SvFmfT. X, 30-37. 1897. [Bespr. von Th. v. Grienberger, ZfdPh. 33, 1901, 561-562.]

- Nordiske Runeindskrifter og Billeder paa Mindesmaerker paa Oen Man. Aarb. 1899, 229-262.

- K. Rygh, Et Benstykke med Runeindskrift fundet i Trondhjem (Det kgl, norske Vid.-Selsk.´s Skr. 1901, Nr. 4.
- Runeindskriften paa en Guldmedaljon funden i Svarteborgs Sogn, Bohuslen. SvFmfT. 11, 1902, 109-113.
- Flistad-Indskriften. Ark. 18, 1902, 1-16.
- En nyfunden gotlandsk Runesten (Der Stein von Roes). SvFmfT.11. 1902, 114-124. [Bespr. von Th. v. Grienberger, ZfdPh. 33, 562ff.]
Sophus Bugge, Norges Indskrifter indtil Reformationen. Udg. for det norske historiske kildeskriftfond. Afd. 1. Norges Indskrifter med de aeldre Runer. Indledning. Runeskriftens Oprindelse og aeldste Historie. Chria. 1905-1913. - I. Bind. Chria. 1891-1903. II. Bind udg. med Bistand af Magnus Olsen, 1. Hefte. Chria. 1904. III. Bind Chria. 1914-24. [Besprechungen s. Hermammsson, Catalogue 13.] - Norges Indskrifter med de yngre Runer. 1. Honen-Runerne fra Ringerike udg. af S. Bugge. Chria. 1902. - 2. Runerne paa en Selving fra Senjen, udg. af S. Buqqe og M. Olsen. Chria. 1906.
- Bidrag til tolkning af danske og tildels svenske indskrifter med den laengere raekkes runer navnlig pa guldbrakteater. Kbh. 1906 = Aarb, 1905, 141-328.
- Sparlösa-Indskriften (Västergötlands Fmf. T. 2, 104-105, 1906).
- Runeindskriften paa en Traenagle fra Urnes kirke i Sogn. (Foren. t. norske fort. bev, Aaarsber, for 1907, 175-180).
- Der Runenstein von Rök in Ostergötland, Schweden. Nach dem Tod des Verfassers hg. durch M. Olsen unter Mitwirkung und mit Beiträgen von Axel Olrik und Erik Brate. Stockholm 1910. [Bespr. von A. Heusler, ZfdVkde. 21, 1911, 212-214.]
Ein vollständiges Verzeichnis von Bugges gedruckten Arbeiten gibt M. Olsen in „Sproglige og historiske Afhandlinger viede Sophus Bugges Minde". Kria. 1908, S. 285-294.
Fritz Burg, Die älteren nordischen Runeninschriften. Eine sprachwissen-schaftliche Untersuchung. Berlin 1885 (darin S. 163-173 ältere Literatur). [Bespr. Nordisk revy 1884/85, Sp. 360. BB. 11, 177-202. - Ark. III, 185. - DLZ. 1885 Nr. 20. - AfdA. 12, 42. - LCbl. 1886, Sp. 337.]
- Held Vilin. Ark. 16, 1898, 135-146.
- Das Runenalphabet des Theseus Ambrosius (Vortrag, gehalten in der ... 47. Phil.Vers. in Halle 1903). Leipzig 1904, S.109f. = ZfdPh.36, 124f.
Achille Burgun, Nogen bemeerkninger til Fonnasspeendens indskrift.

Vid.-Selsk. Forh. 1911, Nr. 1. Krill,. 1911. [Vgl. F. Jonsson, NTfFil. 4. reekke, I (1912) 35.]

H. v. Buttel-Reepen, Funde von Runen mit bildlichen Darstellungen und Funde aus älteren vorgeschichtlichen Kulturen. Mit Beiträgen von E. Schnippel, Oldenburg 1930. (Über Runen S. 65ff.)

Maurice Cahen, L´ecriture runique chez les Germains. „Scientia", Vol. 33, 1923, 401-420.

- Origine et developpement de l´ecriture runique, MSL. 23, 1923, 1-46. [Ein Überblick im Anschluss an v. Friesen.]

- Magnus Olsen, L´inscription runique du coffret de Mortain. Paris 1930. 67 S. (Coll. ling. publiee par la Soc. de Ling. de Paris 32.) [Bespr. von G. Neckel, IF. 50, 1932, 255f. Mortain liegt in der westlichen Normandie. Es handelt sich um eine ags. Inschrift aus dem Ausgang des 7. Jahrh., die also älter als die des Themseschwerts ist.]

H. M. Chadwick, Early Inscriptions from the North of England. (Yorkshire Dialect Soc., Part III.) Bradford 1901.

H. V. Clausen, Studier over Danmarks Oldtidbegyndelse, Aarb. 1916.

B. Cnattiqius, Var har Rökstenen ursprungligen stätt? Fornvännen 25, 1930, 116-119.

Codex Runicus: Det Arnamagnooanske Haandskrift Nr. 28, 8vo, Codex Runicus, utg. i fotolit. Aftryk af Kommissionen for det Arnam. Legat. Kjobenh. 1877. [Bespr. von K. Maurer, Germania 23, 1878, 104-109.]

R. S. Conway, The Italic Dialects, I. Cambridge 1893.

Albert S. Cook, Notes on the Ruthwell cross. Baltimore 1902.

- The date of the Ruthwell and Bewcastle crosses. New. Haven 1912.

- The Bewcastle cross. New Haven 1913.

V. la Cour, Kong Gorm og Dronning Tyre. (RTda. R. 9, Bd. 5, S. 189 bis 252. 1927.)

W. A. Craigie, Ark. 19, 1903: Besprechung von E. Wadstein, The Clermont Runic Casket. Uppsala 1900. Arthur S. Napier, The Franks Casket. Oxford 1900. Wilhelm Vietor, Das ags, Runenkästchen aus Auzon bei Clermont Ferrand. Marburg 1901.

O. A. Danielsson, Zu den venetischen und lepontischen Inschriften. Skrifter utg. af K. Hum. Veto Samf. i Upps. XIII, 1. Uppsala-Leipzig 1909.

Olafur Davidsson, Isländische Zauberzeichen und Zauberbücher. (Übers. von M. Lehmann.Filhes.) ZfVkde. 13, 1903, 150-167, 267-279.

Wilhelm Deecke, Etrusk. Forschungen. Stuttgart.

- Carl Pauli, Etrusk. Forschungen und Studien. Stuttgart.

Bruce Dickins, Runic and heroic poems of the old Teutonic peoples. Cambridge 1915. S. 9-11: Bibliographie. 12-23: das ags. Runenlied. 24-27: das norw., 28-33: das isl. Runenlied; alle mit engl. Übersetzung. 34: Text des Abecedarium Nordm. [Bespr. von E. Brate, Ark. 37, 100-104.]
- Note on Meeshove inscriptions XXII and XVI-XVIII (Proc. of the Orkney antiquarian society, Vol. 2, S. 59-60). 1924.
Albrecht Dieterich, ABC-Denkmäler. Rhein. Mus. W. 56, 1901, 77-105. [87ff. über Runen.]
Fr. Dornseif, Das Alphabet in Mystik und Magie 2, 1925.
Dronning Thyre og Danevirke Von R. S. (Hejskolebladet 1927, Sp. 929-934).
Max Ebert, Reallexikon der Vorgeschichte, Register s. v. Runen.
S. Eitrenn, Lina LaukaR. Festskr. til. A. Kjaer, Chria 1924. 85-94. [Gibt wichtige Nachträge zum Beinchen von Floksand.]
Johan Erikson, Runamo, En oerhörd vetenskaplig svindel. Svenska Turistfören. Arsskrift. 1906, 293-300.
Sigurd Erixon, Runinskrifter från. Dalarne. Fataburen 1915, 147-162.
Kristian Erslev, Roskildes oeldste Mynter. Aarb. 10, 1875, 117-187. [So 182-185 über Runenmünzen.]
K. Erslev (ds. ?), Dronning Tyre og Danevirke (HTda. R. 9, Bd. 6, S. 1-53), 1928.
James Farrer, Notice of the Runic Inscriptions discovered during recent excavations in the Orkneys. Edinburgh 1862. 40 S.
Sigmund Feist, Eine neue Theorie über die Herkunft der deutschen Runendenkmäler. ZfdU. 24, 1910, 246-249. [Zustimmend über Hempl, The ling. and ethnogr. status of the Burgundians 1909.]
- Thüringische Runenfunde. ZfdPh. 45, 1913, 118-133.
- Zur Deutung der deutschen Runenspangen. ZfdPh. 47, 1916, 1-10.
- Runen und Zauberwesen im germ. Altertum. Ark. 35, 1919,243-286.
- Die religionsgeschichtliche Bedeutung der ältesten Runeninschriften. JEGPh. 21, 1922, 602-611.   I
- Die Runeninschrift der größeren Nordendorfer Spange. ZfdPh. 49, 1923, 1-10.
- Zum Ursprung der germ. Runenschrift. APhS. 4, 1-25. 1929.
Festschrift Vilhelm Thomsen. Leipzig 1912. Fran filologiska föreningen i Lund. Sprakliga uppsatser. Lund 1897-1915 (I-IV).
Johannes Franck, Germanisch b, d, g. ZfdA. 54, 1913, 1-23. Über Runen 3-5.

Otto von Friesen, Till tolkningen af Tunestenen. Ark. 16, 1900, 191-200.
- Om runskriftens härkomst (Ur Sprakvet. Sällsk. i Uppsala förhandl. 1904-1906). Uppsala 1904. [Bespr. von K. Mortensen, TfF. 3. r. 14, 53-59.]
- Runorna i Sverige. 1907. [Bespr. von M. Olsen, IF. 38/39 Anz., S. 55-57.] Als 3. Aufl. : Runorna i Sverige. En kortfattad öfversikt. Uppsala, 95 S. (= Fören. Urds Skrifter 4). 1928. [Bespr. Von F. Mosse, Revue germ. 21, 1930, 255. - A. Lindqvist, Pedag. Tidskrift 1929, 247f. - E. Wessen, NT (Lett.) 6, 1930, 158f. - Ders., Fornvännen 1930, 124-127.]
- Historiska runinskrifter. I. Yttergardsstenarna (Uppland). II. Grindastenen (Södermanland). Fornvännen 1909, 57-85. III. Lingsbergsstenarna (Uppland). IV. Bjälbostenen (Östergötland). Fornvännen 1911, 105-125.
- Ur vara fäders magi. Ups. Nya Tidning, Julnummer 1911. 1. Das Weberblatt von Trondhjem. 2. Das Beinplättchen von Lund. 3. Die Kupferdose von Sigtuna.
- Brödrahalla, En smaländsk runsten och en folksägen. Festskrift til H. F. Feilberg, Kbh. 1911, 606-616.
- Runinskrifterna pa en Koppardosa, funnen i Augusti 1911, Fornvännen 1912, 6-19. .
- Upplands runstenar, en allmänfattlig öfversikt. Uppsala 1913.
- De S. k. hälsingerunorna. Förh. vid Sv. filelog- och historikermötet i Göteborg 1912, 26-29.
- Till fragan om runskriftens härkomst, Minneskr. till. Axel Erdmann. Uppsala 1913, 231-236.
Otto von Friesen, Gursten, en runsten och ett gardnamn. Nordiska Ortnamn, hyllningsskrift till. Adolf Noreen, Upps. 1914.
- Lister- och Listerbystenorna i Blekinge. Uppsala 1916. [Bespr. von E. Brate, Ark. 35, 1919, 184-194. - JEGPh. 20, 277-286.]
- Runenschrift. Im Reallexikon der germ. Altertumskunde ... , hrsg. von Joh, Hoops; Bd. IV, 5ff. Verfasst 1911, gedruckt Straßburg 1918/19.
- Blyrullen fran Alvastra och dess ställning i raden av medeltida svenska runinskrifter. Fornv. 1918, 199-201; 1919, 112-126.
- Rökstenen, runstenen vid Röks kyrka, lysings härad, Ostergötland, läst och tydd. Stockholm 1920. [Bespr. von O. Montelius, NT (Lett.) 1920, 390-394. - G. Neckel, I.F. 44, 207-214.]
- Tors fiske pa en uppländsk runsten, Festschrift für Eugen Mogk, S. 474-483. 1924.
- Rö-stenen i Bohuslän och runorna i Norden under folkvandringstiden. Uppsala 1924, 165 S. Bespr. von G. Neckel, DLZ. 1924, Sp. 1919ff.

Emil Olson, Litteris II, 1925, 142ff. - J. Lindquist, Fornvännen 1924, 236-238. - B. Sjöros, Nya Argus. Arg. 17, 221-224.]
- Runstenarna i Altuna. (UFT. 339-364, 1924.)
- Runer. Salomonsens Konv. leks. 2 Bd. 20, 16-529.
- Upplands äldsta Kyrkbild. [Harg-Inschrift.] Upps. Nya Tidning, Julnummer 1928, 4-6.
- Runes. The encyclopeedia britannica. 14. ed. Vol. 19, 659-664.
- De senast framställda meningarna i fragan om runornas härkomst. Ark. 47, 1931, 80-133.
- Nordisk Kultur VI: Runorna. Stockholm 1933. In die Darstellung der jüngeren, nur nordischen Runen haben sich die drei Herausgeber geteilt: Magnus Olsen behandelt die norrönen Inschriften (d. h. die norweg., orkn. farö., isländ., grönländ, Denkmäler und die der Insel Man), Johs. Bröndum-Nielsen die dänischen und v. Friesen wieder die schwedischen, die mit etwa 2060 zahlenmäßig weit überwiegen und auch kulturgeschichtlich von größtem Interesse sind. Das ganze Werk verdient höchstes Lob.
- Hans Hansson, Kylfverstenen. En 24typig runrad. (Antikv. T. f. Sverige 18, Nr. 2. Stockholm 1904.) [Bespr. von G. T. Flom, JEGPh. 10, 323-327. - H. Gering, ZfdPh. 42, 249f.]
Hugo Gering, Neuere Schriften zur Runenkunde. ZfdPh. 28, 1896, 236 bis 245; 30,1898,368-379; 38,1906, 124-143; 42, 1910,236-250. Besprechungen vieler Werke von Wimmer, Bugge, Olsen: usw.
- Die germanische Runenschrift. Vortrag, gehalten im Anthropol. Verein zu Kiel am 20. Jan. 1902. Kiel 1903 und 1907.
- Weissagung und Zauber im nordischen Altertum 1902.
- Zur Runeninschrift des Weberkamms von Drontheim, Ark.33, 1917, 63.
Germanisch-romanische Monatsschrift. Heidelberg 1909ff. (=GRM.).
Göttingische gelehrte Anzeigen (= GGA.).
Gotische Runeninschriften: Wimmer, Runenschrift 62f. - Henning, Deutsche Runendenkmäler 1,:7, 27. - Bugge, NI. 265. - Rieger, ZfdPh. 6, 331. - Bugge, Aarb. ,1905, 189. - Loewe, IF. 26, 203ff.; weiter die in den Handbüchern und im Text genannte Literatur.
Gotische Schrift: A. Kirchhoff, Das gotische Runenalphabet. Berlin 1854. - Julius Zacher, Das got. Alphabet Wulfilas und das Runenalphabet, Leipzig 1855. - R. Henning, Die dt. Runendenkmäler. 147ff. - v. Friesen, Om runskr. härk. 1904. - Ders., Gotische Schrift. RL. 2, 306ff. - Mensel, Modern Philology 1, 457ff. - Weiteres in den Lehrbüchern von Bramme-Helm, Jellinek und Streitberg.

Chester Nathan Gould, Gematria. MLN. 45, 1930, 465-468.

C. W. M. Grein und R. P. Wülker, Bibliothek der ags. Poesie. Kassel 1881 bis 1898. Darin: Verse vom Walfisch (Runenkästchen) 1.1,281-283. - Runenlied 331-337. - Traumgesicht vom Kreuze (Ruthwell) II. 1, 111-116. - Elene 126-201. - Cynewulfs Christ III. 1. 1-54. - Juliana 117-139. - Rätsel 183-238.

Theodor von Grienbererr, Die germ. Runennamen. I. Die goth. Buchstabennamen. PBB. 21, 1896, 185-224.

- Beiträge zur Runenlehre. Ark. 14, 1898, 101-136.

- Erklärung einiger kontinentaler Runeninschriften. Ark. 14, 1898, 124-137.

- Die ags. Runenreihen und die sog. Hrabanischen Alphabete. Ark, 15, 1899, 1-40.

- Neue Beiträge zur Runenlehre. ZfdPh. 32, 1900,289-304; 39, 1907, 50-100.

- Untersuchungen zur got. Wortkunde. Wien 1900.

- Die germ. Runennamen. PBB. 21, 185ff.

- Runische Literatur. GGA. 1899, 1903, 1906, 1908.

- Schriften über das ags. Runenkästchen. ZfdPh. 33, 1901, 409-421.

- Drei westgermanische Runenin~chriften. ZfdPh. 41, 1909, 419-437.

- Zwei Runeninschriften aus Norwegen und Friesland. ZfdPh. 42, 1910, 385-397.

- Erörterungen zu den deutschen Runenspangen 1. Ems. 2. Bezenye. 3. Freilaubersheim: ZfdPh. 43, 1911, 289-301. 4. Nordendorf: ebd. 45, 1913, 133-153.

- Urnordisches. Ark. 29, 1913, 352-372.

- Topisches aus den urnord, Inschriften. Nordiska Ortnamn, hyllningsskrift tillägnad Ad. Noreen. Upps. 1914, 63-68.

- Runensachen. ZfdPh. 50, 1926, 274-283.

Wilhelm Grimm, Über deutsche Runen. Göttingen 1821.

- Zur Literatur der Runen. Wiener Jahrbücher 43, Wien 1828.

Gotthold Gundermann, Über die Entstehung des Runenalphabets. [So Litbl. f. GRPh. 18, 1897, 429f.]

Magnus Hammarström, Die antiken Buchstabennamen. In: Arctos. Acta phil. phil. Fennica I, 1930, 3-40.

Magnus Hammarström, Om runskriftens härkomst. Helsingfors 1921 (Studier i nordisk filologi, utg. genom H. Pipping. Bd. 20, Nr. 1 = Skrifter utg. af Svenska litteratur sällskapet i Finland 216, 1). [Bespr. von W.

Krause, AfdA. 50,1931,9-19 und Gnomon 7,1931, 488-497. - G. Neckel, DLZ. 50,1929, Sp. 1237-1239. - F. Holthausen, Anglia Beibl. 41, 1930, 70.] - Zu den neugefundenen Runeninschriften aus der Unterweser. Anhang: T. E. Karsten, Nachträgliches zu den Weser-Funden. Helsingfors und Leipzig 1930. 12 S. Soc. scient fenn. Comment. hum. litt. III: 5.

Hermann Herder und Edmund Weber, Ein Runenfund im deutschen Museum zu Berlin. ZfdA. 68, 1931, 217-225. [In Wirklichkeit lateinische Buchstaben!]

K. A. Härje, Blyrullen i drottning Benediktas sarkofag i „Sverkers kapellet" vid Alvastra. Fornvännen 1919, 103-106.

Annie Heiermeier, Der Runenstein von Eggjum. Ein Beitrag zu seiner Deutung. 100 S. Halle 1934. [Bespr. von B. Meißner, DLZ. 1934, Sp. 1221-1230.]

George Hempl, Wimmers Runenlehre. Philol. Studien, Festgabe für Ed. Sievers. Halle 1896, S. 12-20. [Bespr. von W. Streitberg, LCbl. 1898, Sp. 1587.]

- The Origin of the Runic Alphabet. Extr. from Dr. Baker's report of the 16th meeting of the Mod, Lang. Assoc. USt. 1899.

- The origin of the Runes. Journal of Germ. Phil. II, 1899, 370-374.

- The runes and the germanic shift. Journ. of Germ. Phil. IV, 1902, 70-75.

- Burgundian Runic Inscriptions. The Nation, New York, Vol. 86, Nr. 2234, S. 372f.

- The linguistic and etnographic status of the Burgundians. Trans. of the Amer. Philol. Assoc. Vol. 39, 1908, 105-119.

Rudolf Henning, Über die Runen. Verhandl. der XI. allgemeinen Versammlung der deutschen Ges. für Anthropologie, Ethnologie und Urgeschichte zu Berlin. München 1880.

- Die deutschen Runendenkmäler. Mit Unterst. d. kgl. pr. Ak. d. W. Straßburg 1889. 156 S. [Bespr. von E. Brate, Sfmf. T. VII, 247 bis 262. - (Übers. von J. Mestorf, Z. f. Ethnol. 22, S. 76.) - LCbl. 1890, Sp. 704. - O. Brenner, Arch. f, Anthropol. 19, 279. - F. Wrede, Histor. Zs. 65, 324. -; F. Holthausen; AfdA. 1890,366. - H. Gering, ZfdPh. 23, 354. - Vor allem L. Wimmer, Aarb. 1894, 1ff]

Eduard Hermamm, Herkunft und Alter der deutschen Buchstabennamen. Nachr. d. Gött. Ges. 1929, 215-232.

- Ulfilas Alphabet. Nachr. d. Gött. Ges. 1930, 136-139.

Halldor Hermamnsson; Oatalogue of runic literature, forming apart of the Icelandic collection bequeathed by Willard Fiske. Oxford usw. 1918

(Cornell University Library). Die bislang beste Bibliographie. [Bespr. von E. Brate, Ark. 36, 93f. - F. Burg, AfdA. 40, 101-103.]

Hermann Hirt, Geschichte der deutschen Sprache 2. München 1925.

Theodor Hjelmquist, Runinskriften pa en bennal i Lunds Historiska Museum (LUA. NF. Afd. I, Bd. 5, Nr. 5. Lund 1909. [Dazu Studier tillegn. E. Tegner, 1918, 388-397.]

Otto Hoffmann, Zur Inschrift von Tune. Dn. Spr. 1910, Ergänzungsband = Festschrift W. Vietor dargebracht, 159ff.

L. M. Hollander, Queen Thyra Danmarkarböt. PSS. Vol. 10, S. 111 bis 114. 1928.

H. Holten-Bechtolsheim, Dronning Dido och Thyra Danebod. (DSt. 1928, 1-15.) [Dazu N. Moller, Dido og Thyre. En antikritik. Tilskueren 1928, 309-316. - Holten-Bechtolsheim, Duplik til Niels Moller (ebd. 415-421). - N. Moller, SV9r (ebd. 421-424).]

Carl Gustav Homeyer, Die Haus- und Hofmarken. Berlin 1870. 423 S. 2. Auf I. 1890.

Ferdinand Holthausen, Altengl. Runennamen. AfdSt. d. neueren Sprachen 99, Braunschweig 1897, S. 425.

- Neue deutsche Runenfunde. GRM. 19, 1931, 304f.

Rudolf Imelmann, Zeugnisse zur altengl. Odoaker-Dichtung. Berlin 1907. 47 S. [Besonders S. 27-47.]

Lis Jacobsen, Nyfundne Runeindskrifter i Danmark. Aarb. 1913, 106 bis 168. [Bespr. von Marius Kristensen, TfFil. 4. r. III, 73-77. - Gunnar Knudsen, Danske Studier 1914, 167-169.]

- Wimmers farmer-stones. Critical notes on Danish runic research. APhS. I, 207-243. - Notes to Wimmer's farmer-stones, ebd. 324-326.

- Wimmers Landmandsstene. En runologisk Undersegelee. (In Vf. "Dansk Sprog" , S. 13-48.) [Dazu F. Jönsson, Wimmers runefortolkning. Tilskueren 1927. Halbbd.2 S. 22-34. - Lis Jacobsen, Svar (ebd. 149-155).]

- The Runic Monuments as basis of historical research. Report of Lecture delivered at the 4. meeting of Scand.-historians. Hist. T. 5, 98f.

- Les vikings suivant les inscriptions runiques du Danemark (= Revue historique. Annee 53, T. 159, S. 23-37).

- Runelresning og Runetolkning. APhS. 5, 127-189. [Dazu F. Jönsson, Et par afsluttende bemrerkninger. Ebd. 190-192.]

- Nye Runeforskninger. Kebh. 1931. 16 S. [Zeigt, wie unzuverlässig vielfach Wimmers Deutungen der dänischen Denkmäler sind. - Bespr. von A. Sommerfelt, BSL. 32, 3 (1931), 152f.]

- Kong Haralds og Kong Gorms Jelling-Monumenter. Scandia IV, 1931, 234-269.
- Eggjum-Stenen. Forseg paa en filologisk Tolkning. Kbh. 1931. [Bespr. von G. Neckel, DLZ. 1932, Sp. 549-555.]
Max Hermann Jellinek, Über Aussprache des Lateinischen und deutsche Buchstabennamen. Wien 1930. WSB. 212, Abh. 2. 66 S.
Hans Jensen, Geschichte der Schrift. 1925. [Bespr. von M. Lidzbarski, DLZ. 47, 1433-1437.]
Alexander Johannesson, Grammatik der urnordischen Runenschriften. Heidelberg 1923. [Bespr, von G. Karstien, LGRPh. 48, 1927, 351-354. - F. Holthausen; Beibl. zu Anglia 35, 33f. - M. Cahen, BSL. T. 24, Comptes rendus S. 120f.]
Finnur Jönsson, Den oldnorske og oldislandske Litteraturs Historie II, Kbh. 1898, 246-260.
- Vers i gamle nordiske Indskrifter og Love. Ark. 20, 1904, 76-90.
- Runerne iden danske-islandske Digtning og Litteratur. Aarb, 1910, 283ff.
- Norsk-islandske Kultur- og Sprogforholtene i 9. og 10. Arh. Det kgl. Danske Vid. Selsk. Hist.-fil. Medd. m 2 (Kbh. 1921).
- Gorm og Thyra Danmurkar bot. Kbh. 1927. 12 S.
Th. Jorgensen, Om anglo-frisiske, heruliske og burgundiske Indskrifter med de seldre Runer fra Nord~ns tre Riger. Sonderborg 1925/26. 212 S. Phant. [Bespr. von E. V. Gordon, Rev. of Engl. Studies 3, 1927, 352-355.]
Hugo Jungner, Västergötlands äldsta runinskrifter. Festskr. til H. Pipping = SSLF. 175, 1924, 230-250.
- Den gotländska runbildstenen frän Sandra. Om Valhallstro och hednisk begravningsritual. Fornvännen 25, 65-82. 1930.
Kr. Kalund, Islands Fortidsloovninger. Aarb. 17, 1882, 57-124.
- Et gammel-norsk runerim og nogle islandske runeremser. Smastykker 1-21, lOO-113.
T. E. Karsten, Germanisch-finnische Lehnwortstudien. Helsingfors 1915.
- Var det äldsta urnordiska runspräket samgermanskt? In: Festskrift til F. Jönnson 1928, 307-315.
- Die neuen Runen- und Bildfunde aus der Unterweser (= Soc. Scient. Fenn. Comm. Hum. Litt. III 4). Helsingfors und Leipzig 1930.
- Les anciens Garmains. Paris 1931.
- Runskriftens vägar till Norden. Finsk Tidskr. 1931.
Charles F. Keary, A catalogue of English Coins in the British Museum.

Anglo-Saxon series I, edited by R. S. Poole. Loridon 1887. [Besonders S. LXXXIV-LXXXIX, 2, 4-6, 23-24.]
- The morphology of coins.
Philip M. C. Kermode, Catalogue of the Manx crosaes with the runic inscriptions and various readings and renderings compared. 2. ed. Ramsey 1892. [Bespr, von G. Stephens, The Academy 1892, 198. - E. Mogk, LCbl. 1893, Sp. 985.]
Adolf Kirchhoff, Das gotische Runenalphabet. Eine Abhandlung. Berlin 1851. 2. Durch ein Vorwort „Über die Entstehung der Runenzeichen" vermehrte Auf I. Berlin 1854.
- Studien zur Geschichte des griech. Alphabets. 4. Aufi. Gütersloh 1887.
Friedrich Kluge, Zum Stein von Tune. PBB. 37, 1912, 159f.
- Urgermanisch, Vorgeschichte der altgerm. Dialekte. 3. Aufl. Straßburg 1913.
- Runenschrift und Christentum. Germania. KorrbI. der röm.-germ. Kommission 3, 43ff. Phant.
Axel Kock, Till fragan om nasalvokaler i de danska runinskrifternas sprak. Ark. 21, 1905, 14lf.
- Till tolkningen av urnordiska runinskrifter. Ark. 37, 1921, Hf.
- Besvärjelseformler i forndanska runinskrifter. Ark. 38, 1922, 1-20.
Peter Kebke, Om Runerne i Norden. 2. Udg. Kbh. 1890. [Bespr. von J. Mestorf, Arch. f. Anthrop. XX, 387.] [Populär.]
H. Koht, Gange-Rolvs drikkehorn? HTno. Bd. 28 = R. 5. Bd. 7, S. 344 bis 355.
Gustav Kossinma, Die deutsche Vorgeschichte. 3. Auf I. 1921. Das über die Erfindung der Schrift (17f.) Gesagte ist phant.; s. R. Much, AfdA. 42, 1923, 100f. I
Wolfgang Krause, Runica I. Nachr. d. G. d. W. zu Göttingen, Phil.- Hist. KI. 1926, S. 1-7. - Runica II, ebd. 1929, 25-56.
- Beiträge zur Runenforschung I. 1932, II. 1934. Halle a. S.
Marius Kristensen, Thyre „Danmarkar bot". Hejskolebladet 1927, Sp. 755-758.
Hans Kyre, Runerne i vore Forfredres daglige Liv. Noor og fjoorn 1924, 67-83.
L. Fr. Läffler, Om dopfunten i Akirkeby pa Bornholm. Antikvitetsak. manadablad 1887, 13-15.
- Bidrag till tolkningen av Tune-stenens runinskrift. Upps. studier Hf. 1892.

- Runinskriften pa den gotländska Roes-stenen. SvFmfT. XI, 1902, 197-205.
- Bidrag till tolkningen av Rökstensinskriften. Nord. studier nillegn. Ad. Noreen 1904, S. 191-216.
W. Larfeld, Handbuch der griechischen Epigraphik, 1907.
N. P. Larsen, Dronning Thyra og Danevirke, Den jyske Konge og Sliherskeren. Soro 1927. 40 S.
O. Larsson, Ordförradet i de äldsta isländska handskrifterna. Lund 1891.
Agathe Lasch; Voraltsächsische Runeninschriften aus der Unterweser. NdJb. 56/57 (1930/31), 163-179.
Edv. Lehmann, Jellingestenens Kristus. Kristendomen och var tid Arg. 22, 1927, 324-328.
Lars Levander, Nya runinskrifter fran Älfdalen. Fornvännen 5, 1910, 165-169, 314. [Inschriften aus dem 17. und 18. Jahrh.]
Friedrich von der Leyen, Einführung in das Gotische. München 1908.
- Die große Runenspange von Nordendorf. ZfVkde. 25, 1915, 136-146.
- Die germanische Runenreihe und ihre Namen. ZfVkde. NF. 2, 1930, 170-182.
Rochus v. Liliencron. und Karl Müllenhoff, Zur Runenlehre. Allgemeine Monatsschrift für Wissenschaft und Literatur, Halle 1852, 169-193 und 310-348.
Ivar Lindquist, En skinnhandskrift fran Flatey, som beskriver Rökstensrunar, MFS. = GHA. Bd. 26, 2, 114-121. 1920.
- Runinskriften pa Hogastenen i Bohuslän. Ett rättsdokument fran 700-talet. GoBFT. 1920, 59-71.
- Galdrar. De gamla germanska trollsängarnas stil undersökt i samband med en svensk runinskrift fran folkvandringstiden. Ak. avh. Gbg, 8°. VIII, 193 S. Auch = GHA. Bd. 29: 1. [Bespr. von F. Ohrt, DSt. 1923, 183-186.]
S. Lindquist, Jellingemonumenten. Fornvännen 1928, 257-285.
Hjalmar Lindroth, Bidrag till Rökstensinskriftens tolkning. Studier i nord. fil. II, Nr. 8, 1911.
- Studier över de nordiska dikterna om runornas namn, Ark. 29, 1913, 256-294. Inledning S. 256. I. Översikt av det nya materialet S. 257. 11. Den norske dikten S. 259. III. De isländska prideilurna S. 275. IV. De västnordiska rundikternas Litterara historia S. 285.
- Nagra Rökstensproblem . .. Sv. HT. Arg. 2, 1918, Sp. 209-219. Dazu Antwort von E. Brate, ebd, Arg. 3, Sp. 33-38.

- Till den urnordiska inskriften pa Stentoftens-stenen. Studier tilleg. Esaias Tegner. Lund 1918, 167ff.
- Den svenska runforskningens äldsta historia. NT. (Lett.) 1920, 168-182.
Guido von List, Das Geheimnis der Runen. Berlin 1908. 72 S. Phant.
K. G. Ljunggren, Hallands runminnesmärken. Vär bygd 1930, S. 5-12.
- Hallands runstenar. Ark. 47, 1931, 227-247.
Richard Loewe, Der Goldring von Pietroassa. IF. 26, 1909, 203-208.
- Die Inschrift des Goldrings von Pietroassa. ZfdA. 67, 1930,49-54. [Dazu R. Meissner, heilig, ebd. S. 54.]
Fr. Losch u. H. Hagen, Die Berner Runenalphabete. Germania XVIII, 1885, 287-306.
J. Loth, Le sort chez les germains et les celtes. Rev. celt, 16, 1895, 313f.
W. Luft, Studien zu den ältesten germanischen Alphabeten. Gütersloh 1898, 115 S. [Bespr. von H. Hirt, ZfdPh. 31, 419-422. - W. Streitberg, LCbl. 1898, 1587. - J. Seemüller, DLZ. 1898, 1838-1840. - A. Heusler, AfdA. 25, 249-251. - v. Grienberger, GGA. 1899, 390-398.]
Olaus Magnusn, Runic Monuments known as obelisks. AfneuSpr. 132, 1914, 395-397. [übers. von A. S. Cook.]
Finn Magnusen, Runamo og Runerne. Kbh. 1841. Phant.
Carl J. S. Marstrander, Om runene og runenavnenes oprindelse. NTS. I, 1928, 85-188.
- De gotiske runeminnesmerker. NTS. IH, 1929, 25-157.
Carl J. S. Marstrander, Myklebostadstenen. NTS. III, 197-217.
- Tunestenen. NTS. IV, 1930, 294-358.
- Varnumstenen. NTS. IV, 1930, 359-369.
- Jurbykorset (Insel Man). NTS. IV, 1930, 370-377.
- Killaloekorset og de norske kolonier i Irland. NTS. IV, 1930, 378-400.
H. F. Massmann, Gotthica minora. ZfdA. 1. Leipzig 1841, 296-393.
Meddelanden fran Norra Smalands Fornminneförening. Jönköping 1907ff.
Rudolf Meißner, Zur Eggjuminschrift. Nachr. d. GdW. zu Göttingen, Phil.-Hist. Kl. 1921, 89-100.
Richard Moritz Meyer, Runenstudien I. Die urgermanischen Runen. PBB. 21, 1896, 162-184. - II. Die altgerman. Runengedichte. PBB. 32, 1907, 67-84.
- Künstliche Sprachen (Schluss). IF. 12, 1901, 242-318. [273f. über das germ, Loswerfen.]
Th. Möbius, Zur Kenntnis der ältesten Runen. I. KZ. 18, 1869, 153-157. II. KZ. 19, 1870, 208-215.

E. Mogk, Über Los, Zauber und Weissagung bei den Germanen. Leipzig 1894.

- Über Runen und Hakenkreuze. Leipzig 1921.

Erik Moltke, Tekniske Hjaelpemidler og Metoder i Epigrafiens Tjeneste med saerligt Henblik pa Runeindskrifter. Fornvännen 1932.

- Lis Jacobsen, Troldtal. Tilskueren 1928, Halvd. 1, 155-173.

Theodor Mommsen, Die unteritalischen Dialekte. Leipzig 1850.

- Nordetrusk. Alphabete. Mitteil. der antiquer. Ges. in Zürich, Jahrgang 1853.

Oscar Montelius, Bibliographie de l'archeologie prehistorique de Ja Suede pendant le XIX e siecle. Stockholm 1875. [Gibt die gesamte Literatur bis 1874; nicht nach Sachgebieten, sondern nach Jahrzehnten und innerhalb derer alphabetisch geordnet.] 4 + 106 S.

- Runornas alder i Norden. Svfmf. T. 6, 1885-1887, 236-270. [übersetzt von J. Mestorf: O. M., Das Alter der Runenschrift im Norden. Archiv für Anthropol. XVIII, 151-170, 1889.]

- Svenska runstenar om färder österut. Ett bidrag till vikingatidens historia. Fornvännen 1914, 81-124.

Sophus Müller, Vor Oldtid. 1897, S. 517-520; 664-667.

- Nordische Altertumskunde II, 1898. [Register s. v. Runen.]

Gustav Neckel, Runische Epigraphik. AfdA. 32, 1908, 267-271.

- Zur Einführung in die Runenforschung: I. Die Runen paläographisch und sprachgeschichtlich. II. Die Runen kulturhistorisch betrachtet. GRM. I (1909), 7ff., 8lff.

- Zur Frage nach dem Ursprung der Runen. Studier till. A. Kock = Arkiv, Ergänzungsbd. zu Bd. 44 (N. F. 40), 1929, 371-385. Phant.

Negau (Bronzehelm): Kretschmer, AfdA. 66, Hf. - Specht, KZ. 60, 130ff.; 1933. - Neckel, ebd. 282f. - Dort weitere Literatur.

Birger Nerman, Nyupptäckt gottländsk runinskrift fran äldre järnaldern - den hittils äldste i Sverige. Rig Bd. I, 50ff.

Eberhard Nestle, Ein angeblich gotisches Alphabet (d. h. schwedisches Runenalphabet) von 1539. ZfdPh. 32, 1900, 140f.

Lauritz Nielsen, Ludv. Wimmers runologiske Samling. Nord. tskr. f. bok- och biblotheksväsen. Arg. II, 1915, 3~7-380.

A. Norden, Baldershagen och tempelhelgden. Oklunda-inskriften, en rättsurkund fran en fornöstgötsk blotlund. OoB. 39, 255-261, 1930.

Rolf Nordenstreng, Gätornas sten [Rökstein]. Ord och Bild. 21, 1912, 65, 74 und 175f.

- Vad är syftet med Rökstenens inskrift. Studier i nord. fil. III, Nr. 9. Helsingfors 1912.

Frederik Nordin, Till fragan om de gotbländaka bildstenarnas utvecklingsformer. Studier till. O. Montelius 142-155. Stockholm 1903.

Nordisk Tidskrift for Filologi (Og Predagogik). Ny Rrekke, Kbh. 1874ff.

Nordiska Ortnamn. Hyllningsskrift tillägnad Adolf Noreen, Uppsala 1914.

Adolf Noreen, Altschwed. Grammatik 1904. [6f. die wichtigsten altschwed. Runeninschriften; 23f. altgutnische Inschriften mit Literatur.]

- Geschichte der nordischen Sprachen. (PGdr.3, Straßburg 1913.)

- Runinskrifter fran nyare tid. A. N., Spridda Studier. 3. Samml. 48-57, 1913. [Über Runenbrauch in Dalarne und Härjedalen.]

- Nordens älsta folk- och ortnamn. Fornvännen 1920, 23ff.

- Die wichtigsten urnord. Inschriften. In: Aisl. und anorw. Grammatik 1923, 374-393.

Erik Noreen, Om Järsbergsstenens inskrift. Upps. Univ. Arsskr. 1918. Spräkvetensk. Sällsk. förhandl. Hf.

- Den äldre Jellingestenens inskrift. En aktuell tvistefräga. NT. (Lett.) 1928, 212-221.

Axel Olrik; Runestenenes Vidnesbyrd om dansk Andsliv. Dania IV, 1897, 25-42, 107-122.

- Danmarks Heltedigtning. Kopenhagen 1903.

Björn Magnusson Olsen, Runerne iden oldislandske literatur. Ak. Avh. Kobh.1883. [Bespr. von A. Noreen, Nordisk revy 1883/84, Sp. 113. - G. Storm, Ark. 2, 172. - E. Mogk, LCbl. 1884, Sp. 665.]

Magnus Olsen, Tre orknaske runeindskrifter (Mreshove XII, XVIII und XVI). Chria. Vid. Selsk. Forh. for 1903. Nr. 10. [Bespr. von B. Kahle, DLZ. 1904,2477-2479. - E. Brate, Ark. 2, 1906,380. - F. Jönsson, NTfFil. 3. r. 13, 32f.]

- De skaanske og bornholmske Runestene. Danske Studier 1906, 20-39. [Referat über L. Wimmer, Danske Runemind. III.]

Magnus Olsen, Valby-amulettens runeindskrift. Chria. Vid.-Selsk. Forh. for 1907. Nr.6. [Bespr. von F. Jönsson, NTfFil. 3. r. 16, 89f. - L. Wilser, Cbl. f. Anthropologie 12, 355.]

- Runeindskriften paa en guldbrakteat fra Overhornbrek. Aarb. 1907, 19ff.

- A newly discovered inscription in crypt-runes from the Brodgar Circle, Stenness, Orkney. Saga-Bock V, 256-261.

- Tryllerunerne paa et vrevspjeld fra Lund i Skaane. Chria. Vid. Selsk. Forh. for 1908, Nr. 7. [Bespr. von G. Neckel, AfdA. 32, 270f.]

- Om sproget i de manske runeindskrifter. Chria. Vid, Selsk. Forh. for 1909, Nr. 1. [Bespr. von G. Neckel, AfdA. 33, 1909, 234f. - Gebhardt, DLZ. 1910, 872f. - TfF. 3. r. 18, 122. Throndjem 1909.] Dazu: Runerne ... Nye oplysninger tilligemed et spörgsmaal. Maal og Minne 1909.
- En indskrift med eeldre runer fra Huglen i Sendhordland. Bergens Mus. Arb. 1911, Nr. 11.
- Hugl-stenen. Oldtiden 11. H. l. 103f.
- Über den Inhalt einiger Gruppen von urnord. Runeninschriften. Festschrift Vilhelm Thomsen ... dargebracht Leipzig 1912, 15-20.
- Stedsnavne-Studier. Kria. 1912.
- En indskrift med eeldre runer fra Gjersvik (Tyneseen) i Sendhord- land. Bergens Mus. Arb. 1914/15, Nr. 4. 19 S.
Haakon Shetelig, En indskrift med eeldre runer fra Flaksand i Nordhordland. Berg. Mus. Arb. 1909, Nr. 7.44 S. [Bespr. von F. Jonsson, TfFil. 3. r. 19, 127f. - H. Gering, ZfdPh. 42, 248f.]
- De to runestener fra Tu og Klepp paa J eederen. Bergens Mus. Mb. 1909, Nr. 11. 29 S. [Bespr. von F. Jonsson, TfFil. 3.1'. 19, 128-130.
M. Olsen, Indskrifter med de eeldre Runer fundne i Norge. 1908-1915 (17). [Wichtige Ergänzung zu Bugges "N. 1. med de eeldre Runer".]
- Om troldruner. Edda V, 2, 225-245. (= Fordomtima II, Uppsala 1917.) [Bespr. von Ivar Lindquist, GoBFT, 1918, 53.]
- Möjebrostenen. Ark. 33, 276.
Eggjum-Stenens Indskrift med de seldre Runer, udg. for det norske historiske kildeskriftfond (S.-A. aus NImd R. III). Kria, 1919. [Bespr. von F. Jönsson, NTfFil. IV, 33ff. - H. de Boor, Litbl. 45, 214-219. - George T. Flom, PSS. Vol. 5, 206-209. - E. Brate, Ark. 38, 1922, 206-212. - F. Burg, ZfdA. 58, 1921, 280-300 (und AfdA. 38, 133-135). - Fortschritte der Deutung bei Rud, Meißner, Nachr. d. Ges. d. W. zu Göttingen, Phil.-Hist. Kl. 1921, 89ff.]
- Efterskrift til runeverkets efterskrift (H. Serlie 1878 - 27. Oktober - 1928, Festschrift) S. 41-44.
- Notes on the Urswiek Inscription [ags.]. NTS. IV, 1930, 282-286.
- Runebudskapet i Atlamäl. Ark. 46, 1930, 161-170.
- Kingigtörsoak-Stenen [der nördlichste Runenstein der Welt] og Sproget i de Granlandske Runeinskrifter. NTS. V, 1932, 189-257.
Emil Olson, Benplatta med runinskrift. Fornvännen 1908, 14-27, 101.
- Notis om ett runfynd i Lund. Ark. 47, 1931, 307f.
Fr. Orluf, Kongegraven i Jelling. Vejle. 1927. (4) 74 S.

- Gisningskritiken mod Thyre Danebod. Vejle 1927. (4), 107 s.
F. Owen, Alliteration in the runic inscriptions. MPh. Vol. 25, 397-408.
H. Patzig, Zur Inschrift des Röksteins. ZfdA. 60, 1923, 26-32.
Anna Garolina Paues, Runes and Manuscripts. Cambridge Hist, of Engl.
Litt. Vol. 1. 1907, 7-20, 475-477.
Carl Pauli, Altitalische Forschungen 1. II. Leipzig 1885ff.
- Altitalische Forschungen III: Die Veneter und ihre Schriftdenkmäler.
Leipzig 1891.
- Altitalische Studien. Hannover.
- Etruskische Studien. Göttingen.
Holger Pedersen, Sprogvidenskaben i det nittende Aarhundrede, Metoder
og Resultater. Kjob. 1924, 209ff.
- Runernes Oprindelse. Aarb. 1923. Kjob,
Robert Petsch, Über Zeichenrunen und Verwandtes. ZfdU. 31, 1917, 433-
449.
E. J. Pilcher, The Runes, and the Alphabet of Ulfilas. Proc. of the Soc. of
biblical Archreol. Vol. 38, 158-168.
Hugo Pipping, Om runinskrifterna pä de nyfunna Ardre-stenarna, Uppsala
1901. [Bespr. von E. Brate, Ark. 18, 1902, 132-141. - F. Jönsson, TfFil. 3. r.
X, 40-43. - IFA. 14, 24f. - DLZ. 1902, 348f. - Revue critique N. S. 53, 107-
109.]
- Sandhierscheinungen in Runeninschriften. Neuphil. Mitt. 1909, 213-219.
- Rök-Studier. Studier i nord. fil. H, Nr. I, 1911.
- Nytt om Rökstensinskriften. Studier i nord. fil. III, Nr. 8, 1912.
- Vadstenabrakteaten och Charnayspännet. Studier i nord. fil. VI, Nr. 3,
1915.
- Om Runinskriften pa Rökstenen, Acta Soc. Scient. Fennicae. Tom. XLIX,
Nr. 1. Helsingfors 1919.
- Zur Deutung der Inschrift auf dem Runenstein von Rök. APhS. 4, 247-
269. 1929.
- Rökstensinskriften en rättsurkund. Studier i nord. filol. Bd. 22, Nr. 1.
Helsingfors 1932.
J. K. Quigstad, Nordische Lehnwörter im Lappischen. Kria, Vid.-Selsk.
Forh. 1893, Nr. 1.
R. G. Rasmussen, De reldste nordiske Runealfabeter og om Indskrifterne
deri. Kebh. 1893. Phant.
Gertrude B. Rawlings, Runes and Oghams, Knowledge 19, London 1896,
232-234.

John Rhys, The Celtic Inscriptions of France and Italy 1906.
- The Celtic Inscriptions of Cisalpine Gaul. Proc. Brit. Acad. 6, 1913. 90 S.
Kurt Riedel, Die Runennamen als idg. Erbwörter. Runenkunde T. L. S. 11-45. Phant.
Max Rieger, Zum Runenalphabet. ZfdPh. 6, 1875, 330-341.
Carl Rosenberg, Nordboernes Aandsliv fra Oldtiden til vore Dage. 1. Hedenold. Kjob. 1878.
G. Rundgren, Några anmärkningar om Rökstensinskriften. Ark. 2, 1883, 177-180.
Viktor Rydberg, Om hjältesagan a Rökstenen. Stockholm 1893. [Bespr. von J. Mestorf, Arch. f. Anthropol. 22, 483.]
- Till tolkningen af Nordens äldsta runeinskrifter. Sv. fornm. f. T. H, 234ff.
Jöran Sahlgren, Forntida vägor. Läbybron och Eriksgätan. Upps. Fmf. T. 26 (6. Bd. 1. H.) 1910, 92-116.
- Järsbergs stenens inskrift. Några anmärkningar. Studier till Oscar Almgren, 1919, 300ff.
Bernhard Salin, De nordiska guldbrakteaterna. En arkeologisk studie. Stockholm 1895. 111 S.
- Die altgermanische Tierornamentik. Übers. von J. Mestorf. Stockh. 1904. 383 S.
Herman Schirmer, Fra hedensk og kristen Tid. For. t. n . F. Bev. Aarsber. 1910, 97-140.
Emil Schnippel, Über einen merkwürdigen Runenkalender ... zu Oldenburg nebst ... vergleichenden Studien über die nordischen Runenkalender überhaupt. Old. Landesverein für Alterthumskunde 1883, H. 5. [Bespr. von E. Martin, DLZ. 1883, Sp. 1693.]
- Lein und Lauch im Runenzauber. ZfVkde. 1929, H. I, 65ff.
Isa von Schönaich-Garolath, Runendenkmäler. Mühlhausen i. Thür. 1924. 8°. 64 S. Die beste kurz orientierende Einführung in den Gebrauch der Runen; ausgezeichnete Abbildungen.
Edward Schröder, writan und scriban. ZfdA. 61, 57ff.
Franz Rolf Schröder, Neuere Runenforschung. GRM. 10, 1922, 4ff.
- Altgermanische Kulturprobleme. Heidelberg 1929.
Hensik Schück, Bidrag till tolkning af Rökinskriften. Upps. Univ. Arsskr. 1908. Progr. 3. 29 S. [Bespr. von G. T. Flom, JEGPh. X, - 1911, 322-327.
Didrik Arup Seip, Norske paralleler til de uregelmessige fleksjonsformer i manske og irske runeinskrifter. NTS. 4, 1930, 401-404.
- Til Tune-inskriften. NTS. II!, 1929, 21-24.

Haakon Shetelig, Arkreologiske Tidsbestemmelser av eeldre norske Rune-indskrifter. In: Norges Indskrifter III, 1. Chria. 1914.
- Piraeuslöwen i Venezia. En undersökelse av originalen. Fornvännen 1923, 201-221. (Dazu: E. Brate, Yttrande, ebd. 222-224.)
- Runeskriftens Kilder. En orientering i de nyere synsmäter. Bergens Mus. Ärb., Hist, ant. rekke. J.930. 17 S.
Theodor Siebs, Friesische Literatur. PGdr. 112 1. Straßburg 1901-1909, 521-554 [Runen 521-523].
Eduard Sievers, Runen und Runeninschriften. PGdr. 12 1901, 248-262. [Bespr. von E. Martin, ZfdPh. 22, 468.]
H. F. M. Simpson, On two rune primestaves from Sweden and three wooden almanacs from Norway. Proc. of the soc. of antiqu. of Scotl. 1891/92, 358-378.
- The Southesk and other rune prime-staves or scandinavian wooden calendars. Proc. of the soc. of antiqu. of Scotland 1892, XXV, 256-332.
Bruno Sjöros, De nasalerade Vokalerna och deras beteckning i de danska runinskrifterna. Ark. 20, 1904, 211-227.
- Genmäle. Ark. 21, 177-186.
W. W. Skeat, The order of letters in the runic futhork. The Academy 1890, 477, 530 (505, 566). Phant.
Smästykker 1-16, udg. af Samfund til udgivelse af gammel nordisk Iitteratur. 1884-1891.
Sven Söderberg-Erik Brate, Ölands runinskrifter granskade och tolkade. Stockholm 1900-1906 = Svenska runinskrifter, 1. Bd.
- Eine neu entdeckte allemannische Runeninschrift. Prähistorische Blätter, Jg. II, Nr. 3, 1890.
J. Steenstrup, De danske Runesteno i deres Forhold till Landets og Folkets Historie. Nogle Undersagelser. Festskr. Erslev. 1927,61-84.
Karl von den Steinen, Prähistorische Zeichen und Ornamente. Festschrift für Bastian, Berlin 1896, 40ff. Phant. [Bespr. von R. M. Meyer, AfdA. 23, 382-385.]
George Stephens, The old northern runic monuments of Scandinavia and England ... Kj0b.1866-1901. [Besprechungen bei Hermansson 69.]
- Handbock of the Old Northern runic monuments of Scandinavia and England. Abridged from the greater work. London 1884. [Bespr. von O. Brenner, Litbl. 1885, Sp. 313. - The Athenäum 1884, 2, 271. - The Academy 1884, 2, 30 (H. Bradley).]

- The Runes whence came they. Kobh. 1894. Phant. [Bespr. The Athen. 1895, 2, 65. - The Acad. 1894, 2, 258.]

Fr. Stolp, Die Runen. Verhandl. d. dt. wiss. Vereins zu Santiago de Chile II, 1891. [Populär.]

Svenska fornminnesföreningens Tidskrift. Stockholm 1870ff. (= SvFmfT.). J. Sverdrup, Det nye problem om runeskriftens oprinnelse. NT. (Lett.) 1928, 424-435.

Sveriges Runinskrifter, utgivna af kungl. Vitterhets Historie och Antiquitets Akademien. Stockholm 1900ff.; s. Söderberg, Brate.

H. Sweet, The Oldest English Texts. [124ff. ags. Runendenkmäler.]

Julius Swenning, Skärkindsstenens runinskrift. Frän fil. fören. i , Lund, Spräkl. uppsatser III, 220ff.

Isaac Taylor, Greeks and Goths: a study on the runes. London 1879. 139 S.

Isaac Taylor, The alphabet. An account of the origin and development of letters. Vol. 1. Semitic alphabets. Vol. II. Aryan alphabets. London 1885. [Runen II, 210-224.]

Vilhelm Thomsen, Über den Einfluss der germanischen Sprachen auf die finnisch-lappischen, 1870.

- Hvad betyder guldhornets tawidö ? Ark. 15, 193ff.

Tidskrift for Philologi og Predagogik. Kbh. 1860ff.

Alf Torp, Til Rök-inskrilten- Ark. 29, 1913, 345-352.

Karl Trotzig, En märklig runinskrift. Den längsta kända med dalrunor, DHFT. Arg. 3, 1923, 91-96.

Ludwig Uhland, Schriften zur Geschichte der Dichtung und Sage. Bd. 7, 1868. [404ff.: Runenzauber.]

Ingvald Undset, Indskrifter fra middelalderen i Throndhjems domkirka. Kria. 1888.

- Äldre Arbejder med de gamle norske Indskrifter. Akad. Afhandl. til S. Bugge 1889, 99-114.

Wolf von Unwerth, Zur Deutung der längeren Nordendorfer Runeninschrift. ZfVkde. 26, 1916, 81-85.

Uppsalastudier, tillegnade Sophus Bugge pä hans 60-ära födelsedag. Uppsala 1892.

H. Ussinq, Sagneue om Thyre Danebod. Kbh. 1928. 101 S.

Västergötlands Fornminnesförenings Tidskrift. Stockholm.

Emil Vedel, Oversigt over den danske Literatur om Nordens forhist. Arkreologi indtil og med Aaret 1904. Kjeb. 1905. [Runen S. 78-84.]

Wilhelm Vietor, Die northumbrischen Runensteine. Beiträge zur Textkritik. Grammatik und Glossar. Marburg 1895. [Bespr. von G. Bins, Litbl. 1897, 51f. - H. M. Chadwick, IFA. IX, 60-63. - Bülbring, Anglia Beibl. IX. - Kluge, Engl. Studien 24, 83f. - W. Ramisch, DLZ. 1897, Sp. 127.]

K. Visted, Bidrag til t.ydning af Primstaven. Bergens Mus. Arb. 1903, Nr. 5.

Elis Wadstein, Runinskriften pA. Foraaringen. Värt älsta lagstadgande. Uppsala und Leipzig 1898. ..

- The Clermont runic casket. Uppsala 1900. [Bespr. von O. L. Jiriczek; AfdA. 29, 1904, 192ff.]

Fredrik Barbe Wallem, En Indledning til Studiet af de nordiske Bomaerker. For. t. n. Fmm. Bev. Aarsb. 1902, 58-105.

Edmund Weber, Die Runenbildtafel vom Süntel. ZfVkde. 41, 1931, 272-279.

- Zum Alter der Runenschrift. ASNS. 159, 1931, 273f. Phant.

L. Weibull, Tyre Danmarker bot. Scandia. Bd. 1, 1928, 187-202.

Torstea Wennström, Om runor och magi. Studier tillägn. Josua Mjöberg, 11. IX. 1926, 260-294.

G. Werle, Die ältesten germ. Personennamen. Straßburg 1910 (ZfdW. 12).

Aug. Western, Der Stein von Tune noch einmal. NTS. IV, 1930,287-293.

Wilhelm Wiget, Inskrifterna frän Müncheberg och Ovre Stabu. Ark. 34, 1918, 153-155.

Ludwig Wilser, Über die Stellung der germ. Runen. Karlsr. Altertumsverein I, 27ff. 1892. Phant.

- Alter und Ursprung der Runenschrift. Korrbl. d. Gesamtvereins der deutschen Altertumsvereine XLIII, 137-143. Phant.

- Der Brakteat von Grumpan. Mannus 6, 103ff.

Ludvig Franz Adalbert Wimmer, Runeskriftens Oprindelse og Udvikling i Norden. Aarb. IX, 1874,270 S. [Bespr, von M. Rieger, ZfdPh. 6, 1875, 330-341.]

- Die Runenschrift. Vom Verf. umgearbeitete und vermehrte Ausgabe. Aus dem Dänischen übers. von F. Holthausen. Berlin 1887. 392 S. [Bespr. von E. Beauvois, Revue critique 1890, 368. - F. Jonsson, ZfdPh. 21, 492. - E. Brate, Sv. Fornmf. T. VII, 50-61. - W. Martens, Litbl. 1889, Sp. 48. - The Athenaeum 1887, 2, 388.]

- Dobefonten i Akirkeby kirke. Kebh, 1887,84 S. [Bespr. von R. Heinzel, AfdA. 1888, 213. - E. Mogk, LCbl. 1888, Sp. 1619. - Ark. 6, 1890,171-76.

- H. Gering, ZfdPh. 21, 487. - E. Beauvois, Revue critique 1890, 368. - E. Brate, Sv. Fmf. T. VII, 62-67.]
- Sonderjyllands historiske Runemindesmeerker, Kebh. 1892. Festskrift fra Kjobenhavns Universitetet. [Bespr. von O. Brenner, Litbl. 1893, Sp. 202. - H. Möller, AfdA. 1893, 11-32. - E. Beauvois, Revue critique 1893, 406. - J. Mestorf, Arch. f. Anthropologie 21, 460. - H. Gering, ZfdPh. 28, 236-239.]
- De tyske Runemindesmrerker. Aarb. 1894, 1-82. [Bespr. von H. Gering, ZfdPh. 28, 239-241. - J. Mesdorf, Arch, f. Anthr. 23, 637.
- Les monuments runiques de l'Allemagne. Traduit par E. Beauvois, Mem. Soo. Roy. Ant. du Nord IX, 1890-1895, 225-300. [Bespr. von O. Brenner, Litbl. 1897, Sp. 49.]
- Om Undersagelsen og Tolkningen af vore Runemindesmeerker. [Bespr. von H. Gering, ZfdPh. 30, 368-375. - O. Brenner, Litbl. 1897, Sp. 50. - B. Kahle, IFA. X, 59-62. - E. Brate, Ark. 13,93. - E. Mogk, LZentralbl. 1896, Sp. 1072.]
- Sonderjyllands Runemindesmrerker. Kobh. 1901. Dasselbe: Temoignage des monuments runiques sur la nationalite du Sleswig. Manuel historique de la question de Slesvig 1906 (gedr. 1901), 3-60.
- Billedlige Fremstillinger pä de danske Runestene. Forh. v. 6: e nord. filologmetet, 1903, 17-23.
- De nasalerede Vokaler og deres Betegneles i de danske Runeindskrifter. Ark. 21, 1905, 45-70.
- De Danske Runemindesmearker, undersegte og tolkede. Afbildningerne udferte af J. Magnus Petersen, Kob. 1893-1908. 1. Bd. 1. Afd. Forord. Almindelig Inledning 1907-1908. 19 + 195 S. - 1. Bd. 2. Afd. De historiske Runemindesmaerker, 1893-1895. 2 + 74 S - II. Bd. Runestene i Jylland og pä Oerne (undtagen Bornholm). 1899-1901. 10 + 502 S. - II1. Bd. Runestene i Skäne og pä Bornholm 1904-1905. 6 + 328 S. - IV. Bd. Runeligstene og Mindesmrerker knyttede til kirker. Tillreg. Ordsamling 1903-1908. 10 + 32 + 97 S. [Besprechungen s. Hermannsson 82. Vgl. besonders E. Brate, Ark. 29', 1912, 181-193.]
Ludvig Franz Adalbert Wimmer; De dsnske Runemindesmrerker. Haandudgave ved MS Jacobsen: K0b. og Kria. 1914. 263 S. [Bespr. von M. Kristensen, TfFil. 4. r. III, 73-77. - G. Knudsen, Danske Studier 1914, 167-169. - E. Brate, Ark. 34, 1918, 102-104.
- Katalog over Wimmers Bogsamling- K0b. 1912. 412 S.
Herman Wirth, Der Aufgang der Mensohheit. Jena 1928. Phant.
- Die heilige Urschrift der Mensohheit. Leipzig 1932. Phant.

100

- Die Uralinda-Chronik. 1933. Phant.
John Wordsworth, Fragments and Speoimens of Early Latin. Oxford 1874.
Julius Zacher, Das goth. Alphabet Vulfilas und das Runenalphabet. Leipzig 1855.
Zeitschrift und Anzeiger für deutsches Altertum. Leipzig und Berlin 1841ff. (= ZfdA., AfdA.)
Martin Zunkovic, Die Slaven, ein Urvolk Europas. Kremeier 1910. Phant.
Job. Zvetaieff, Inscriptiones Italiae inferioris dialectioae. Moskau 1886.
- Insoriptiones Italiae mediae dialectioae. Moskau 1884.

*

Nachtrag.

Neuere Literatur von Wichtigkeit ist mir nicht mehr bekannt geworden; doch verdanke ich der Liebenswürdigkeit von Hans Bonnet einen Nachtrag zu S. 255. Er verschaffte mir die Schrift von Ludwig Keimer, Materialien zum altägyptischen Zwiebelkult (Egyptian Religion, ed. by S. A. B Mercher, Vol. I, Nr. 2. S.52-60. New York 1933). „Zwiebel" ist hier als zusammenfassender Ausdruck gebraucht; in den einzelnen Fällen kann Zwiebel, Lauch oder Knoblauch gemeint sein. In der 18. Dynastie heißt es etwa: „4. Monat, 25. Tag, Tag des ntrj.t-Festes: Spruch für das Knüpfen von Zwiebeln." - Oder in der 19./20. Dyn.: „Spruch für das Umbinden von Zwiebeln an Deinen Hals in der Nacht des ntrj.t-Festes. Man legt Dir Zwiebeln an Deinen Hals." - Wieder 18. Dyn.: „Ich folge dem Sokaris mit Zwiebeln am Hals am Tag des ntrj.t-Festes." Oft ist der Tag näher bezeichnet: „wenn Sokaris die Mauern umzieht". - Ebenfalls 18. Dyn.: „Mein Kranz ist aus Zwiebeln am Fest des Sokaris." - Endlich 26. Dyn.: „An Zwiebeln zu riechen am Fest des Sokaris." - In späterer Zeit (Papyri) ist vor allem des Kauens von Zwiebeln gedacht.
Mit herzlicher Freude habe ich in diesen Tagen den kleinen Aufsatz „Die Herkunft der Runen" von Georg Baesecke (GRM. 22, S. 413-417) gelesen. Hier wird mein Standpunkt völlig unabhängig von mir von dem großen Meister des Althochdeutschen vertreten. Wenn ich mit B. uneins gehe, ist es nur in der Keltenfrage; in meinem „Ogom", das B. noch nicht zugänglich sein konnte, hoffe ich alle Übereinstimmungen als sekundär und germ. Ursprungs erwiesen zu haben. Das Ogom ist eben nicht „die altkeltische Schrift" oder deren Epigone, sondern es ist auf Irland und England beschränkt, weist keinerlei Spuren etwaiger Vorstufen auf und hat keinerlei

Beziehungen zu den klassischen Alphabeten, die sich nicht über Germanien erklären ließen. Die Bedeutung „heimliche Schrift" hat rün(a) im Keltischen nie erreicht.

Negau habe auch ich mit den Kimbern verknüpft; aber die Rolle, die von ihnen und den Teutonen weiterhin gespielt worden sei, stellt B. ganz neu und vielleicht überzeugend dar: Auch Maria Saal soll ihnen angehören. Darauf saßen die Reste der beiden Völker noch bis ins 2. Jahrh. n. Chr. in Keltogermanien südlich des Mains. Als 253 die Alamannen das von den Römern aufgegebene Teutonenland am Limes besetzen, sind vielleicht Reste in die alte Heimat Schleswig zurückgekehrt und trugen die Runenkunde mit sich. Daher die Moorfunde aus jener Zeit; wobei die Meinung, dass es sich um die geopferte Beute gewaltiger Kämpfe handelt, noch immer zurecht käme.

B. weiß sicher, dass die ältesten Denkmäler des Nordens: die norwegischen, nicht so zu erklären sind. Aber das vermindert seine These nicht. Mir ist es recht wahrscheinlich, dass zu wiederholten Malen die Runenweisheit nach dem Norden gebracht wurde: vielleicht nach Norwegen durch die Markomannen, nach Gotland und weiter durch die Goten, und zum dritten nach Jütland und das Gebiet umher durch die Teutonen. Das spricht auch entschieden zugunsten meiner Überzeugung, dass die Moorfunde nicht nordisch seien. - Ob sich der Weg so verfolgen lässt wie B. meint, ist mir doch sehr zweifelhaft. Denn die friesischen Inschriften - die ich auch für einheimisch halte - sind spät; um die Weserrunen aber waltet ein Dunkel, das ihre Verwertbarkeit stark einschränkt. So sehr ich an Odins Wanderung von Südwesten glaube, bin ich zum andern überzeugt, dass ein gallischer Schriftgott Ogmios ins Reich der Fabel gehört und F. R. Schröder hier auf ganz böse Abwege geraten ist. - In der Ansicht, dass die „deutschen" Runendenkmäler einheimisch seien, stimme ich ganz mit B. überein; dafür spricht auch die rasch steigende Zahl der Funde.

Endlich stimme ich B. darin ganz zu, dass die notae Runen gewesen seien. Auch die Nachricht, heimlicher Briefverkehr zwischen den Geschlechtern sei nicht bekannt, wäre bei einem an und für sich völlig schriftlosen Volk völlig unsinnig. Unbefangen betrachtet, wird die Germanlastelle über das Losen stets auf Runen weisen. Solch unbefangene Lesung wurde nur durch die früheren Theorien über den Ursprung der Runen unmöglich gemacht: Wenn die Germanen ihr Alphabet erst aus dem lateinischen der Kaiserzeit oder der griechischen Kursive zur Zeit des Goteneinbruchs am Schwarzen

Meer bilden konnten, wäre es allerdings ungereimt, ihnen zwei Jahrhunderte vorher eine Schrift zuzusprechen.

8. I-E-O-U-A
Erfahrungen mit der Buchstabenmystik
nach Karl Weinfurters „Brennendem Busch"

Hella Heller

aus Esotera, Heft 10, 1970

Von der Magie zur Mystik

Ich zitiere hier den Artikel aus der „Esotera", damit der Hermetiker seine kritischen Schlüsse und Erkenntnisse selber ziehen kann. Die Informationen aus diesem Aufsatz dürften jeden Schüler sehr interessieren. Auch wenn der Text sich auf die Buchstabenmystik von K. Weinfurter bezieht, ist eine Verbindung zur Runenmagie bzw. zur Quabbalah gegeben!

Hohenstätten.

*

Eine der auf den ersten Blick sonderbarsten und dabei erstaunlich wirksamen Methoden zur Entwicklung paranormaler Fähigkeiten ist die Buchstabenübung, wie sie der Prager Mystiker Karl Weinfurter in seinem Buch „Der brennende Busch" beschreibt. Als mir das Werk in die Hände fiel, hatte ich bereits reichliche Erfahrungen mit magischen Praktiken gemacht und erkannt, dass die Vorteile, die man sich durch magischen Zwang verschaffen kann, hinterher sehr teuer bezahlt werden müssen. Abgesehen von den fragwürdigen Wunscherfüllungen, die sich im Nachhinein als Malheur herausstellen und besser unerfüllt geblieben wären, begannen mir die unvermeidlichen Begleiterscheinungen wie Spuk, quälende Visionen und schreckhafte Träume langsam auf die Nerven zu gehen. Ich beschloss daher, die Magie bis auf weiteres ad acta zu legen und es einmal mit mystischen Übungen zu versuchen. Dass ich dabei gleichsam vom Regen in die Traufe kommen würde, was die unangenehmen Begleiterscheinungen betrifft, wusste ich damals noch nicht. Auch war mir damals noch unbekannt, wie man solche peinlichen Erlebnisse überhaupt hintanhalten kann.

Das Buch Weinfurters erschien mir absurd, und das um so mehr, als die elende Übersetzung aus dem Tschechischen es noch verworrener und stellenweise sogar unverständlich machte. Doch ich hatte bereits erfahren, dass auf diesen abseitigen Gebieten anscheinende Absurditäten oft zu erstaunlich sinnvollen Ergebnissen führen können. Und so beschloss ich, mich wieder einmal durch Unvorhergesehenes überraschen zu lassen und begann, die Übung praktisch zu erproben.

Das Vorgehen an sich ist scheinbar (!) überaus einfach. Sein größter Vorzug schien mir darin zu liegen, dass es angeblich (!) keinerlei Vorbereitungen bedarf, die bei anderen Schulungsmethoden vorauszugehen haben. Die Erfahrung belehrte mich aber sehr rasch, dass auch zum Buchstabieren eine ausgedehnte diätetische und ethische Akklimatisierung die praktische Betätigung einzuleiten hat, wenn man sich ernstliche Unpässlichkeiten ersparen will.

Geistige Erlebnisse und Erscheinungen gehen ja nicht in einem Vakuum vor sich, wie noch immer fast allgemein angenommen wird, sondern sind an den Organismus gebunden, so dass dieser in einem entsprechenden Zustand sein muss, um die Einbrüche hintergründiger Prozesse ins Nervensystem und damit in die physiologischen Funktionen verkraften zu können. Das alles war mir damals noch unbekannt. Und wenn ich es auch gewusst hätte, so würde ich mich durch Warnungen nicht haben abhalten lassen.

Mal sehen, was draus wird

So begann ich also frisch-fröhlich mir die äußeren Formen der diversen Buchstaben des Alphabets an und in den Füßen vorzustellen und mich gleichzeitig in ihren Lautgehalt innerlich einzufühlen. Praktisch sah das so aus:

Man denke z. B. den Vokal I und stelle sich vor, dass man diesen Buchstaben in die Mitte der Fußsohlen zeichnet oder besser ritzt. Gleichzeitig wiederhole man in Gedanken: I-I-I-I, und zwar fünf- bis siebenmal, um einen gleichmäßigen Takt in die Prozedur zu bringen (sehr wichtig!), regle man dieses Vorgehen nach dem Atemrhythmus, der wiederum dem Herzschlag angeglichen werden muss. Man atme also tief ein und sende die aufgenommene Energie im Geiste hinunter in die Füße, während man I-I-I denkt und gleichzeitig in der Vorstellung diesen Buchstaben in die Mitte der Fußsohlen einritzt. Nach vier bis fünf solcher bewusster Atemzüge gehe man zum nächsten Vokal über und wiederhole mit diesem die gleiche Prozedur. Die Reihenfolge der Vokale ordne man am besten nach den Kennworten Jahwe: I-A-O-U-E oder Jehova: I-E-O-U-A.

Bei diesen fünf Vokalen bleibe man zunächst, da diese Selbstlaute die durchdringendste Wirkung haben und für den Anfänger am leichtesten zu erfühlen sind. Diese einfache Übung kann man stehend, sitzend auf einem harten Küchenstuhl oder auch im Liegen machen. Im letzteren Fall muss man darauf achten, nicht einzuschlafen. Wenn ich fühlte, dass ich schläfrig wurde, wusch ich Gesicht, Ohren und besonders den Nacken mit eiskaltem Wasser, um wieder munter zu werden.

Das Zwischenreich oder Astralreich, in das diese Übung führen soll, ist nämlich ein Bewusstseinszustand, der sich zwischen dem gewöhnlichen Tagwachen und dem normalen Schlafzustand hält. Er ist anfänglich schwer zu fassen und noch schwerer festzuhalten. Meist gleitet man vom Wachen allmählich und ohne bewussten Übergang in den Schlaf hinüber, ohne dieses Übertrittes gewahr zu werden. Um aber mit vollem Wissen in dieses Zwischenreich eintreten zu können, muss man lernen, auf dem kritischen Scheidepunkt gleichsam in Schwebe zu bleiben, ohne in die Alternativzustände abzugleiten. Das erfordert langdauernde Übung. Dieses Bemühen kann aber keinem Lehrling erspart bleiben, denn dieses Sich-des-Zwischenzustandes-Bewusstwerden und in diesem Gewahrsein zu verbleiben ist eine der primären Zielsetzungen jeder esoterischen Schulung.

Die ersten Resultate

Hat man einige Zeit die Vokale in den Fußmitten geübt, wird man dort eine langsam zunehmende Erwärmung verspüren. Ist diese eingetreten, richte man seine Aufmerksamkeit auf eine dicht daneben liegende Stelle und verweile dort so lange, bis auch sie sich erwärmt. Bei konzentrierter Aufmerksamkeit wird man einen schwachen Strom spüren, der mit der imaginativen Vorstellung von Stelle zu Stelle mitwandert. Dieses Gefühl einer warmen Strömung wird immer intensiver, bis es sich nach längerer Erfahrung allmählich bis zum Glühen steigert.

Auf diese Weise bearbeite man die Fußsohle und die Unterseite der Zehen immer nur wenige Zentimeter von einer Stelle zur anderen weiterrückend.

Dies scheint alles kinderleicht zu sein und ist es anfänglich auch. Doch bald wird das Leichte schwer, wie ich bald erfahren sollte.

Ich praktizierte diese Technik abends vor dem Schlafengehen, liegend im Bett. Schon nach den allerersten Versuchen, als ich bereits in den Schlafzustand hinüberzugleiten begann, blitzte eine Vision auf (Visionen und Geistersehen sind Charakteristika des besagten Zwischenzustandes): Ich sah mich an einem kristallhellen Wasser sitzen und darin die Füße baden.

Mit diesen einfachen Worten niedergeschrieben, war diese Schau nichts Besonderes. Doch man muss Ähnliches selbst erlebt haben, um das Erstaunliche und Beglückende einer solchen Vision machen zu können. Bezeichnungen wie Wasser, Kristall, Helle, Licht etc. sind gänzlich unzureichend, wenn es gilt, das buchstäblich überirdische Leuchten und Glänzen der geschauten Objekte und Landschaften zu beschreiben. Ob es sich dabei um einen banalen Parfümflakon handelt, oder um die Nervengeflechte im Körperinnern, die nannten Chakras, – die jeweilige Licht- und Glanzentfaltung ist überwältigend.

Das Aufblitzen des geistigen Lichtes

Es hat mich seit diesen und ähnlichen Erfahrungen immer gewundert, in den diversen religiösen, aber auch in esoterischen Traktaten zu lesen, dass es sich bei den inneren Lichterscheinungen in der Mystik um geistiges Licht handle, also um eine Art Umschreibung eines Eindrucks, der nur durch eine Bezeichnung, die für das physikalische Licht gebraucht wird, wiederzugeben wäre. Bevor mir eigene Erfahrungen wurden, war auch ich der Meinung gewesen, dass es sich bei dem in solchen Schriften genannten Licht um eine Metapher (bildlicher Ausdruck) handle und dass damit keine wirkliche Lichterscheinung gemeint sei, sondern so etwas wie Verstehen, Einsicht, Erkenntnis.

Wie erstaunt war ich daher, als ich zum ersten Mal das Herzgeflecht erschaute, das wie eine blendendweiße Strahlenkorona in der Brustmitte aufblitzte, deren Leuchtkraft alles mit den physischen Augen Gesehene himmelweit übertraf. Ich musste erkennen, dass es sich also beim geistigen Licht der Mystik keineswegs um eine bloße Umschreibung handelte, sondern um eine wirkliche und wahrhafte Lichterscheinung, deren Spontanität und Intensität einer plötzlich aufschießenden grellweißen Stichflamme in dunkler Nacht zu vergleichen ist.

Bei näherer Überlegung ist die in den indischen mystischen Schriften übertrieben anmutende Behauptung von einem Licht wie zehnmillionen Blitze durchaus verständlich und keineswegs nur auf eine bloß subjektive gefühlsmäßige Überwältigung des Schauenden zurückzuführen. Denn dieses Licht sieht man ja nicht mit den äußeren Augen, dessen

Aufnahmebereich von Lichteindrücken sich in den bekannten Schwingungsgrenzen hält. Schon der profanen Physik ist bekannt, dass sich jenseits dieses Bereiches ein anscheinend unbegrenztes raumloses Gebiet viel rascherer und feinerer Schwingungen ausdehnt, dessen sinnenmäßige Manifestationen infolgedessen auch entsprechend intensiver erlebt werden müssen, vorausgesetzt, dass die dieser beschleunigten Frequenz angepassten Organe im Menschen aktiviert sind. Diese Organe gehören dem unsichtbaren Fluidalkörper des menschlichen Organismus an, der in seinen Schwingungen der Frequenz des Astralreiches angepasst ist, so dass durch diese Organe sinnenmäßige Offenbarungen dieses Zwischenreiches wahrnehmbar sind. Diese Sinnesorgane des Fluidalkörpers stehen aber mit gewissen korrespondierenden Nervengeflechten des physischen Körpers in Verbindung, so dass sie auch vom Leiblichen her in Tätigkeit versetzt werden können.

Denn dieses weiße Astrallicht scheint auch mit einer anderen Lichterscheinung identisch zu sein, die bei profaneren Gelegenheiten aufzutreten pflegt, z. B. bei einem Schlag aufs Auge oder auf den Kopf. Diese tausend Sterne oder tausend Kerzen, die man dabei aufblitzen sieht, dürften in die gleiche Kategorie von Lichterscheinungen gehören, wie sie während der esoterischen Schulung erfahren werden, weil dabei wahrscheinlich die gleichen Gruppen von Gehirnnerven affiziert werden, durch die die Chakras des Fluidalkörpers in beschleunigte Bewegung versetzt und somit die feinstofflichen Vibrationen des Astralbereiches sichtbar werden.

Vision zukünftiger Reinheit

Doch zurück zu meiner ersten mystischen Vision. Das Wasser, an dem ich mich sitzen sah, war von ebenso strahlendem Lichtglanz und kristallheller Weiße, wie man sich wohl das kristallene Meer der Apokalypse vorzustellen hat. Besonders anschaulich beschreibt die hl. Therese von Avila ein solches visionär geschautes Wasser: „Strahlend hell wie flüssiger Kristall, der über Silber fließt und in dem sich die Sonne spiegelt."

Meine in diesem paradiesischen Wasser badenden Füße waren von blütenzarter Weiße und einer Lieblichkeit der Modellierung, wie die eines Engels oder einer Fee. Mir kam damals die erste Ahnung von der wahrlich überirdischen Schönheit des Geistleibes eines vollkommenen Menschen. Denn die Vision wollte mir offensichtlich zeigen, wie meine fluidalen Füße aussehen würden, wenn sie durch die begonnenen Bemühungen rein geworden waren. (Denn solche Visionen zeigen leider nicht, wie ich anfangs glaubte, einen bereits erreichten Zustand an, sondern nehmen stets eine Entwicklungsetappe vorweg, zu der die praktizierten Übungen tendieren, wenn sie gewissenhaft fortgesetzt werden. Unterbricht man die Übungen oder geht man auf eine andere Methode über, so geht man des bereits erreichten Grades wieder verlustig, und das von der Vision angezeigte Versprechen erfüllt sich nicht.)

Ich geriet bei diesem Anblick meiner idealisierten Füße in begreifliche Begeisterung und nahm mir vor, nicht nur die Füße, sondern den ganzen Leib zu solcher Vollkommenheit zu verklären. Auch der Sinn dieses Wortes war mir erst so richtig beim Anblick meiner fluidalen Füße aufgegangen.

Physische Begleiterscheinungen

Um recht bald in diesen Zustand der himmlischen Glorie zu gelangen, bemühte ich mich, meine Fortschritte zu beschleunigen. Ich verlängerte daher meine Übungszeiten und trachtete auch auf allen meinen täglichen Wegen, die Aufmerksamkeit in die Füße zu lenken und dort festzuhalten.

Als nächste physiologische Erscheinung während des Übens machte sich ein stetig steigernder Druck im Kopf bemerkbar, ganz besonders gegen die Scheitelhöhe hin, wo er geradezu schmerzhaft wurde. Auch nach den Seiten zu den Schläfen hin drückte es von innen her, aber etwas weniger peinvoll. Es ist anzunehmen, dass dieser Druck durch das Anschwellen der Zirbeldrüse oder der Hypophyse, vielleicht auch beider, verursacht wird, die bei jeder Schulung der Aufmerksamkeit eine ausschlaggebende Rolle zu spielen scheinen.

Mit dem Kopfdruck ging auch ein Sausen und Brausen in den Ohren parallel, das ich von der Magie her bereits kannte und das eine Tonqualität annahm, das mir die biblische Beschreibung wie das Rauschen von ehernen Flügeln verständlich machte.

Über ständige Kopfschmerzen und Ohrenbrausen kann man nun in den meisten Schriften von Mystikern lesen. Und auch die hl. Theresia von Avila klagt immer darüber, dass dieses ständige Rauschen wie von einem Wasserfall in den Ohren es ihr erschwere, den Auftrag ihres Beichtigers, ihre mystischen Erlebnisse aufzuzeichnen, zu entsprechen.

Bald nach dem Auftreten des Rauschens in den Ohren und des Druckes im Kopf machte sich während des Buchstabierens auch ein eigentümliches

Knistern bemerkbar: Es begann im Nasenhintergrund, um das Siebbein herum, breitete sich allmählich über Stirn und Wangen und langsam über den Hinterkopf ins Kopfinnere aus. Dieses Knistern trat aber nur auf, wenn meine Konzentration ganz besonders angespannt war; beim geringsten Lockern der Sammlung hörte es sogleich auf. Lockern musste ich aber immer recht bald die Spannung, weil der Druck gegen den Scheitel so schmerzhaft wurde, dass ich ihn nicht lange ertragen konnte.

Sobald das Knistern einsetzte, hatte ich die Empfindung, als ob von einer Knisterstelle zur andern sich so etwas wie Fäden spannten, die abwechselnd aufblitzten und wieder verschwanden. Das ganze Phänomen ging etwa so vor sich wie die Eisbildung auf einer Wasserfläche, wie man sie an kalten Wintertagen auf Teichen und Seen beobachten kann, oder – um ein alltägliches Beispiel zu nennen – wie sich beim Erwärmen von Milch auf der Oberfläche der Flüssigkeit eine Haut bildet: Es ist wie ein beginnender Kristallisierungsprozess, der über die Oberfläche hin und her spinnt und webt.

In diesem Stadium erschien mir auch manchmal in der Schau eine große Spinne, die ganz aus funkelnden Brillanten zusammengesetzt zu sein schien, und um sie herum zuckte ein blendendes Netz von lichtblitzenden Strahlen.

Damals verstand ich nicht, was dieses Knistern und Weben zu bedeuten hatte, doch heute führe ich es auf das Lebendig- und damit Bewusstwerden einzelner Nervenknoten und ihrer Verbindungsbahnen zurück, die aktiv werden müssen, um das Kristallgitter, die elektromagnetische Matrize des sich langsam bildenden Geistleibes aufzubauen.

Was ist mit meinen Füßen los?

Zu den Anfangsphänomenen gehörte auch ein Dumpf- und Schwerwerden der Füße. Ich hatte das Gefühl, als ob sie verschwollen wären, so dass ich beim Üben öfters besorgt die Augen öffnete und mich wunderte, sie in normaler Verfassung zu sehen. Sobald ich die Augen aber wieder schloss, hatte ich statt Füße zwei unförmige Klumpen an den Beinen.

Bald hielt dieses Gefühl auch zwischen den Übungszeiten an, und mein sonst so leichter Gang schien mir wie behindert zu sein, als ob ich Schlittschuhe oder Rollschuhe an den Füßen hätte oder durch zähen Morast oder Schlamm watete: Eine niederdrückende Erfahrung nach den verheißungsvollen Lichtvisionen am Beginn des Weges.

Auch über dieses Anschwellen der Füße kann man in Heiligenbiographien lesen, z. B. in der der hl. Maria Magdalena Pazzi (1566-1607), einer der beliebtesten Heiligen Italiens. Als Karmelitin erklärte sie eines Tages, dass sie keine Strümpfe und Schuhe mehr tragen könne, da ihre Füße zu sehr verschwollen wären und sie überaus schmerzten. Da äußerlich keinerlei Schwellungen zu sehen waren, wollte ihr die Oberin nicht gestatten, barfuß zu gehen. Da die Heilige erklärte, vor Schmerzen nicht gehen zu können, kroch sie auf allen Vieren durch die Klostergänge und in die Kirche, bis der Oberin nichts anderes übrig blieb, als ihr das Barfußgehen zu erlauben, um diesem unwürdigen Benehmen ein Ende zu machen. Auch in Mönchsklöstern sollen sich ähnliche Vorfälle ereignet haben.

Dieselbe Sensation von verschwollenen Füßen hatte ich auch im Schlaf, so dass ich in meinen Träumen, aber auch in Wachvisionen, ständig mit bleiernen Füßen durch Moor und Schlamm watete, auf allen Seiten umgeben von trüben Wasserstrudeln und wirbelndem Fließen wegloser Sumpfflächen, in steter Angst und Sorge, in solcher menschenleeren Öde mein Ende zu finden. Dieses Herumirren inmitten grenzenlosen Wassern mit schleppenden Füßen wiederholte sich Tag für Tag, Nacht für Nacht. Die hellen Visionen schienen für immer verschwunden.

Mit dem immer schmerzhafter werdenden Druck im Scheitel begann in den unförmig schweren heißen Füßen eine neue Sensation: Ein Kribbeln und Jucken, wie Ameisenlaufen, ein Stechen mit haarfeinen Spitzen, welchen Peinlichkeiten sich die Füße durch unwillkürliches Zucken zu entziehen suchten. Allmählich akzentuierte sich auch ein Druck in den Fußmitten, der sich im Laufe der Übungen immer mehr intensivierte. Schließlich schien sich zwischen der Druckstelle im Kopf und der in den Fußmitten ein Strömen anzubahnen, das durch die ganze Länge des Körpers floss. Gleichzeitig fühlte ich eine leichte Anspannung in der gesamten Längsmuskulatur des Leibes, die auch auf die Arme übergriff und einen leichten Druck in den Handmitten hervorrief, obwohl meine Konzentration ausschließlich auf die Füße gerichtet war. Ich hatte das eigentümliche Gefühl, gleichsam wie in einen Rahmen eingespannt zu sein. Wenn ich aber meine Aufmerksamkeit in den Füßen lockerte und den Sensationen im übrigen Körper zu sehr folgte, ließ alles wieder nach, so dass sie sich nicht so genau beobachten ließen, wie ich es wünschte. Erst wenn ich mich wieder ganz scharf auf einen Punkt in den Füßen sammelte, so dass zu dem Scheiteldruck auch noch das Knistern hinzukam, fühlte ich wieder diese Rahmenspannung.

Die Quittung für meine Ungeduld

Alle diese Erfahrungen interessierten mich brennend, so dass ich meine ganze Freizeit mit Üben verbrachte. Um die Entwicklung zu beschleunigen, beging ich den ersten verhängnisvollen Fehler: Ich setzte mich über die Vorschriften hinweg, und statt die Vokale bloß auf der Haut der Füße zu üben, durchdrang ich mit meiner Vorstellung jeweils den ganzen Fuß bis zu den Knochen mit den Tonvibrationen der Vokale.

Die ersten Warnungen erhielt ich im Traum: Außer in überschwemmten Moorlandschaften zu wandern, musste ich nun allnächtlich auch noch durch unheimliche unterirdische Gewölbe irren, ziellos in schwarzem Dunkel und mit einem inneren Wissen, dass sich in diesen Grüften etwas geheimnisvoll Grauenhaftes verberge.

Bei diesen von Furcht und Schrecken erfüllten Wanderungen gelangte ich stets früher oder später in einen Raum, in dem sich ein überdimensionales Ungetüm von einem Eisenofen befand, der glühte und fauchte und jeden Augenblick zu zerspringen drohte. Die Nieten der einzelnen Eisenplatten waren bereits zerschmolzen, und durch die Ritzen sah man die siedende und brodelnde Glutmasse blitzen, und stellenweise zischten Dampfwolken heraus, und ich fürchtete mich schrecklich. Nirgends war ein Ausgang zu sehen, ich war allein mit dem gefährlichen Unding, irrte verzweifelt an den Wänden entlang und erwartete jeden Augenblick die Katastrophe.

In solchen ausweglosen Traumsituationen half mir eine Fähigkeit, die ich seit frühester Kindheit besitze: Zu erkennen, dass ich bloß träume, und mich mit einer Willensanstrengung aus unangenehmen Traumsituationen zu lösen. Aber dieses Wissen kam mir immer erst, wenn die ausgestandenen Ängste und Schrecken unerträglich geworden waren.

Auch diese unheimlichen Glutöfen verfolgten mich nun Nacht für Nacht, und ich weiß nicht, welche Visionen und Träume ich mehr fürchtete: Die Moorwanderungen oder die Schrecken in den unterirdischen Gewölben und Kammern.

Damals war ich noch so seelenblind, dass ich nicht verstand, was diese drohenden Träume und Wachvisionen mir sagen wollten: Meine Bemühungen zu mäßigen, nicht so intensiv zu üben und das Konzentrationsfeuer im Ofen, meinem Körper, auf einer gelinden Höhe zu halten.

Gewonnene wichtige Erkenntnisse

Ich wusste damals noch nicht, dass die esoterische Entwicklung in erster Linie ein physiologischer Prozess ist und dass vor allem erst einmal der Körpermechanismus gewandelt und einige Verbindungsbahnen des Nervensystems umgeleitet werden müssen, wenn man mehr als zufällige Ergebnisse, die nicht willentlich reproduzierbar sind, erreichen will. Natürlich reagiert nun ein unregenerierter Körper sehr langsam auf die konzentrierten Energieströme, die der gebündelten Aufmerksamkeit vom Hirn aus in die einzelnen Körperstellen folgen. Die Nervenbahnen müssen teilweise erst freigefegt, viele erst überhaupt erschlossen werden, bis das Nervensystem sich dem ungewohnten neuen Druck anpassen kann, was nur allmählich und ganz langsam in die Wege geleitet werden darf. Nur ein durch und durch gesunder und schlackenfreier Organismus wird auf so tiefreichende Eingriffe ohne nennenswerte Störungen reagieren. Infolge der naturwidrigen Lebens- und Ernährungsweise in der westlichen Zivilisation sind aber vollkommen gesunde und schlackenfreie Körper kaum anzutreffen, so dass man bei der mentalen Durchdringung der Gewebe nur langsam und schrittweise vorgehen und dem Organismus Zeit lassen muss, sich den ungewohnten Anforderungen zu fügen. Solche Einsichten kamen mir erst viel später, eigentlich fast zu spät. Damals meinte ich noch, durch Häufigkeit und Intensität meiner Bemühungen über diese unangenehmen Zwischenetappen hinwegeilen zu können. So übte ich unverdrossen weiter, trotz allem. Das trostlose Herumirren inmitten von Überschwemmungen, das Hochklimmen in Felsen inmitten von stürzenden Wasserfällen, die mich ständig mitzureißen drohten, ganz besonders aber die Glutöfen mit ihren Explosionsgefahren, all diese Schrecken wiederholten sich weiter Tag für Tag, Nacht für Nacht.

Eine Kalamität nach der anderen

Bis endlich das so lang Befürchtete auch tatsächlich eintraf: Mit Donnergetöse und schreckenerregendem Zischen, unter Entfaltung unheimlicher elektrisch-grünblauer Lichtfontänen platzte das glühende Ungetüm von einem Ofen, so dass ich mit einem Schock erwachte und das Herzjagen sich lange nicht beruhigen wollte.

Und solche gewaltsamen Feuerausbrüche wiederholten sich zu meiner Verzweiflung in immer kürzeren Abständen, ohne dass ich erkennen konnte, wie ich derartige Katastrophen hintanhalten sollte. Viel viel später erst kam mir das Verständnis: Die durch die intensive Konzentration angesammelte Bio-Elektrizität musste sich immer wieder auf diese gewaltsame Weise entladen, weil meine Nerven nicht kräftig und elastisch genug waren, ihrer Expansionskraft standzuhalten.

Bei einer jeden solchen Entladung ging eine Menge Kraft verloren, die eigentlich dem geistigen Fortschritt hätte dienen sollen, statt sinn- und zwecklos in die Luft verpufft zu werden. Anstatt verbissen weiterzuüben, wäre es meinen Intentionen dienlicher gewesen, vorerst meinen Organismus durch einige Kuren – Fasten, Kaltwasser, Rohkost etc. – gründlichst zu entschlacken und bei meinen Übungen nur ganz langsam vorzugehen. Dann wären diese schädlichen Explosionen ausgeblieben und meine esoterische Entwicklung hätte einen zwar langsameren, dafür aber stetigen Verlauf genommen.

Zu den bisher geschilderten Kalamitäten kamen bald weitere hinzu. Außer dem zunehmenden Kribbeln und Zucken in den Füßen verstärkte sich auch der Druck in den Fußmitten, bis er schließlich zu einem brennenden Schmerz ausartete. Da ich während des Tages und der Nacht jede freie Minute benützte, um zu üben, mit dem Buchstabieren aber jedes Mal in den Fußmitten begann und noch dazu stets mit dem Vokal I, weil dieser am intensivsten erfühlt wird, während mir für die anderen Partien des Fußes und die anderen Vokale nur bei der ausgedehnten Abendübung Zeit genug blieb, waren gerade diese Mittelstellen am meisten und intensivsten bearbeitet worden, so dass sie ganz besonders empfindlich wurden.

Dieser Schmerz steigerte sich mit der Zeit zu einer ausgesprochenen Qual, bis ich schließlich den Eindruck hatte, als ob ein glühender Stift die Fußmitten durchdringe. Besonders beim Üben des I-Vokals nahm der Schmerz alarmierende Dimensionen an und wurde nachgerade unerträglich. Er bohrte sich geradezu durch das Fleisch, ja durch den Mittelfußknochen hindurch, wie mir schien.

Bald begann ich vor diesem speziellen Buchstaben geradezu Angst zu empfinden. Ich begann daher, sehr rasch über ihn hinwegzugehen und dafür die anderen Vokale länger zu üben, die ich nicht so spitz, so glühend und ätzend empfand. Sie waren aber immer noch peinvoll genug, so dass ich die Fußmitten überhaupt zu meiden begann und meine Aufmerksamkeit mehr den Randbezirken der Füße widmete. Aber auch dann spürte ich den schmerzenden Druck, und das Buchstabieren wurde langsam zur Qual.

So gewaltig ist die Macht des Denkens

Als das Brennen und Stechen auch außerhalb der Übungszeiten anhielt, untersuchte ich die Fußsohlen und stellte mit Schrecken fest, dass sie blutunterlaufen waren. Es konnte nicht mehr lange dauern und sie würden wund werden, überlegte ich, und es würde wahrscheinlich zu Blutungen kommen.

Ich war perplex: Die bloße Gedankenkonzentration hatte also an diesen bloß gedanklich bearbeiteten Stellen weitgehende physiologische Veränderungen hervorgerufen. Nun wurden die Schmerzen verständlich. Es ging mir auch auf, warum Weinfurter diese Methode des Buchstabierens christliche Mystik nennt: Sie kann, wenn unvorsichtig praktiziert, zu Perforierungen, zur Stigmatisation führen.

Diese Erkenntnis wirkte auf mich geradezu umwerfend. Sie lehrte mich zu meiner namenlosen Verblüffung, dass die blutenden Stigmata vieler abendländischer Heiligen durch bloße Gedankenkonzentration auf die Hand- und Fußmitten nachgeahmt werden können, dass sie also kein Privileg einer christlich-religiösen Haltung oder einer imaginativen Verbildlichung sind. Wer mit solchen Phänomenen gewissen Kreisen imponieren wollte, könnte sie mittels Buchstabierens verhältnismäßig rasch hervorbringen.

Ein halbwegs sensibler Mensch kann schon bei einer gewöhnlichen Sammlung der Aufmerksamkeit deutlich einen schwachen Druck in den Hand- und Fußmitten verspüren, mit einer gleichzeitig auftretenden leichten Kontraktion der Längsmuskulatur der Glieder und des Rumpfes. Diese meist nicht bewusst registrierten Spannungen liefern die für intensivere Denkprozesse nötigen zusätzlichen Energien.

Doch wenn schon beim gewöhnlichen gerichteten Denken eine wenn auch leichte Anspannung der Muskulatur und ein Druck in den Hand- und Fußmitten beobachtet werden kann, um wie viel intensiver muss diese Erscheinung bei einem konzentrativen Gebetsleben und in der Meditation und Kontemplation auftreten, besonders wenn man sich die Passion Christi als Thema der Andacht vornimmt und eine falsch verstandene Nachfolge nachzuleben sucht. Zu den beim diskursiven Denken und aufmerksamen Betrachten an sich schon auftretenden Spannungen treten da noch die

Wirkungen der imaginativen und emotionellen Vorstellungen hinzu, und diese überaus effektvolle magische Kombination ist wohl die Ursache für die verhältnismäßig vielen Stigmatisierten der Römischen Kirche.

Man studiere z. B. den Verlauf der Stigmatisierung der Katharina Emmerich, wie sie sie selber beschreibt: „Ich hatte eine Betrachtung der Leiden Christi und flehte ihn an, mich doch seine Leiden auch mitempfinden zu lassen und betete fünf Vaterunser zu Ehren der heiligen fünf Wunden. Mit ausgebreiteten Armen im Bett liegend, kam ich in eine große Süßigkeit und in einen unendlichen Durst nach den Schmerzen Jesu. Da sah ich ein Leuchten auf mich niederkommen, es kam schräg von oben. Es war ein gekreuzigter Körper, ganz lebendig und durchscheinend, mit ausgebreiteten Armen, aber ohne Kreuz. Die Wunden leuchteten heller als der Körper, sie waren fünf Glorienkreise, aus deren ganzen Glorie hervortretend. Ich war ganz entzückt und mein Herz war mit großem Schmerze und doch mit Süßigkeit vor Verlangen nach dem Mitleiden der Schmerzen meines Heilandes bewegt. Und indem mein Verlangen nach dem Leiden meines Erlösers im Anblick seiner Wunden immer mehr stieg, und wie ich aus meiner Brust, durch meine Hände, Seiten und Füßen nach seinen heiligen Wunden hinflehte, stürzten zuerst aus den Händen, dann aus der Seite, dann aus den Füßen des Bildes dreifach leuchtende Strahlen, unten in einem Pfeile endend, nach meinen Händen, Seite und Füßen."

Diese Stigmatisation erfolgte in der Ekstase, also während der tiefsten Sammlung aller imaginativen und emotionellen Kräfte, dazu mit dem leidenschaftlichen Wunsch, die Schmerzen des Vorbildes mitzuerleben. Kein Wunder, dass ein so intensives Begehren, wie es aus dieser leidenschaftlichen Schilderung spricht, erfüllt wurde. Wer nur einige Erfahrungen in der Magie hat, dem ist dieser Prozess geläufig.

In den Klöstern der Ostkirche, die im Gegensatz zur Römischen Kirche den auferstandenen, verherrlichten Christus in den Mittelpunkt ihres Kultes stellt und nicht den leidenden Schmerzensmann der Passion, kommen bezeichnenderweise Stigmatisierte überhaupt nicht vor. Sie sind eine Spezialität der Römischen Kirche infolge ihrer pathologischen Bevorzugung der Blut- und Schmerzmystik, und auch hier treten sie erst auf, seit Franz von Assisi dieses Phänomen gleichsam in Mode gebracht hat. Vor diesem ersten stigmatisierten Heiligen war derlei unbekannt.

Gegner intellektueller Durchdringungsversuche der physischen Grundlagen der mystischen Phänomenologie pflegen darauf hinzuweisen, dass Stigmata rein imaginativer oder hysterischer Provenienz nicht mit solchen zu vergleichen seien, die einem tiefreligiösem Erleben ihre Entstehung verdanken: Dass z. B. die Wunden des hl. Franziskus durch den ganzen Fuß samt dem Knochen hindurchgingen, ja dass sogar nagelartige Gewebsneubildungen aus den Wunden hervorragten.

Dieser Einwand ist meiner Ansicht nach nicht stichhaltig. Wenn die gleichsam künstlich hervorgerufenen Stigmata nicht dieselbe Ausdehnung erreichen wie die ekstatischen, so liegt das bloß daran, dass sie in einem flacheren, der Oberfläche näher liegenden Bewusstseinszustand hervorgebracht wurden, ohne Mithilfe eines leidenschaftlichen Wunsches zu ihrer Hervorbringung, also eines überwältigenden emotionellen Antriebes, sondern bloß als ein unerwartetes und unerwünschtes Nebenprodukt eines anderen Zielen zugewendeten Wollens. Wenn man eine solche Seelenhaltung willentlich erzeugte und längere Zeit hindurch aufrecht erhielte, sie immer wieder wiederholte, so wie der Mystiker sich immer wieder die Passion Christi vor Augen führt, würden sich auch diese künstlich entstandenen Wunden vertiefen und schließlich ebenso markante Verletzungen zur Folge haben wie die der Heiligen.

Ich konnte mich natürlich nicht mit dem Gedanken vertraut machen, blutende Stigmen zu tragen. Solche Extravaganzen kann man sich in einem modernen Berufsleben nicht leisten, sie können nur ein Reservat von Insassen abgeschlossener Gemeinschaften bleiben, von Mönchs- und Nonnenklöstern, von Sektenkreisen.

Ich sistierte daher die Übungen in den Fußmitten gänzlich und beschränkte sie auf die Randbezirke, ganz besonders auf die Zehen. Das intensive Buchstabieren in den Zehen führte zu weiteren Unannehmlichkeiten: Es setzte ein langsam beginnender Krampf ein, der die Zehen schmerzhaft zusammenzog und die Sohlen klauenartig zusammenkrümmte. Das erwies sich auf die Dauer nicht weniger qualvoll als die wunden Fußmitten, denn der Krampf steigerte sich zu solcher Intensität, dass ich die Konzentration öfters unterbrechen musste, um die Spannungen zu lösen, weil ich diese Tortur ganz einfach nicht mehr aushielt.

Die Schwierigkeiten werden zur Tortur

Ab nun war das Buchstabieren kein Kinderspiel mehr, sondern ein wahrer Passionsweg. Denn der Krampf blieb nicht in den Füßen stehen; er stieg über die Waden hinauf in die Knie und später sogar noch höher bis ins

Kreuzbein, obwohl ich noch immer bloß die Vokale und auch die nur in den Füßen übte.

Wer nächtliche Wadenkrämpfe kennt, kann sich eine ungefähre Vorstellung machen, welche Qualen dieses scheinbar so einfache Verfahren verursachen kann. Ich jedenfalls begann zu ahnen, was mir blühte, wenn ich mit den Übungen bis ins Rumpfinnere vordringen würde.

Als beim Fortsetzen des Buchstabierens die Verkrampfung der Beine immer höher stieg, begann es allmählich auch in den Armen und Schultern zu kribbeln, zu jucken und zu zucken. Und das alles, obwohl ich mit meiner Aufmerksamkeit noch immer in den Füßen blieb. Dieses Jucken und Zucken wurde immer heftiger, bis es in Konvulsionen ausartete, die allmählich den ganzen Körper ergriffen und mich mit Vehemenz auf dem Lager hin- und herwarfen. Dabei war mir, als ob ich an einen Pfosten gefesselt wäre – den ich später als meine Wirbelsäule erkannte – und um mich herum fratzenhafte Gestalten auf mich einschlügen.

Das erinnerte mich an die in Klöstern wohlbekannten Vorkommnisse, da Nonnen behaupteten, von Teufeln an das Bett gebunden und gegeißelt worden zu sein. Die bedauernswerten Frauen ahnten nicht, dass sie die Geißelung Christi erlebten, also eine der Stationen der Nachfolge, über die sie sich eigentlich freuen sollten, weil dieses Erlebnis bewies, dass sie sich bereits den tieferen Mysterien ihres Glaubens näherten. Doch wie sollten sie die Bedeutung ihrer Erfahrungen erfassen, wenn ihre Lehrerin, die Kirche, selber vom eigentlichen Ursprung ihrer Lehren, ihrer Riten und Sakramente nichts mehr weiß und rein mystische, also innerseelische Erfahrungen für historische, also grobmaterielle Vorkommnisse hält?

Meine Geißelungen wiederholten sich nun ebenfalls Abend für Abend, so oft ich zu üben begann, und die Konvulsionen wurden schließlich so heftig, dass es unmöglich war, in der Versunkenheit zu verbleiben. Immer wieder rissen sie mich ins Wachbewusstsein zurück. Es hatte also keinen Sinn, die Übung liegend zu absolvieren. Daher setzte ich sie im Sitzen fort.

Sogleich überfiel mich eine lebendige Vision: Ich befand mich irgendwo im Leeren, in stockdunkler Nacht, als plötzlich die Schwärze wie ein Vorhang auseinanderriss und den Ausblick auf eine sternenübersäte Unendlichkeit freigab. Und mit einem Mal prasselten alle diese Sterne in einem Augenblick herab, wie ein silberner Sturzbach, und waren spurlos verschwunden.

Wieder stellte ich zu meiner größten Verwunderung fest, dass ich da abermals eine Szene aus der Passionsgeschichte erlebt hatte. Doch wo war die Kreuzigung geblieben, die doch dieser Szene voraufzugehen hatte? Wurde mir dieses Erlebnis vorenthalten, weil ich die Stigmatisation abgelehnt hatte? Oder war es so, was mir wahrscheinlicher schien, dass die die innere Entwicklung begleitenden Visionen von den Priestern und esoterischen Lehrern in eine fortlaufende Reihe gebracht worden waren, um sie in eine zusammenhängende Erzählung wie von einem historischen Ereignis zusammenfassen zu können? Dass also die Reihenfolge der mystischen Erlebnisse keine feststehende, sondern je nach Übungsart, Dauer und Intensität sowie der Eigenart des Neophyten eine variable ist? (Übrigens: Die Kreuzigung blieb mir nicht erspart. Ich musste sie später auf einem ändern Wege und in einer ändern Form nachholen, die noch viel unangenehmer war als die abgelehnte.)

Schreckliche Träume und Wachgesichte

In meine Träume und Visionen schlichen sich neue Bängnisse. Beim Herumirren in unterirdischen Gewölben begann sich das anfänglich unbestimmte Grauen allmählich zu präzisieren, das ich vor etwas Unbekanntem empfand, das in einem der dunklen Winkel – wie ich bestimmt wusste – verborgen war. Ich erschaute dieses anfänglich Unbestimmte als riesige Sarkophage in altägyptischem Stil, die bis hoch über meinen Kopf emporragten, wie die Sarkophage der Apisstiere in Theben. Manchmal schob sich deren Deckel quälend langsam – was ich irgendwie als heimtückisch empfand – zur Seite, oder er sprang mit einem schreckhaften Knall auf; der Sarkophag neigte sich, um seinen schaurigen Inhalt meinen Blicken preiszugeben. Ich wandte mich aber immer ab, bevor ich etwas gesehen hatte, wusste aber trotzdem, dass da drinnen ein blutiger Leichnam lag, mit einer blutverkrusteten Rinne um den abgetrennten Kopf. Ich wollte davonlaufen, aber es gab keinen Ausgang. Wenn ich lange verzweifelt an den Wänden entlanggestrichen war, fand sich manchmal doch noch ein niedriger, vollkommen kubischer Block, wie in einem altägyptischen Grab, der sich langsam beiseite drehte und eine dunkelgähnende Öffnung freigab. Wenn ich aufatmend durch diese hindurchschritt, fand ich mich nur in einer weiteren Gruft mit weiteren Sarkophagen, so dass sich die Schrecken ad infinitum (ohne Ende) wiederholten. Manchmal wanderte ich aber auch im Freien auf nächtlichen Friedhöfen, wo sich bei meinem Nahen die Gräber öffneten und halbverfaulte geborstene Särge sich meinen Blicken aufdrängten.

119

Alle diese Wachgesichte und Träume waren scheußlich, unheimlich und ekelerregend und lassen sich mit allen ihren Beklemmungen nicht schildern.

Oft wenn ich morgens erwachte, war ich der Meinung, bereits gestorben zu sein und im Grabe zu liegen: Der Körper steif, unmöglich zu bewegen. Doch merkwürdigerweise empfand ich kein Angstgefühl. Ich wunderte mich bloß, auch im Grabe ganz wie sonst denken und überlegen zu können. Erst allmählich löste sich die Starre, und ich erwachte erst richtig ins Normalbewusstsein, während das frühere scheinbare Erwachen, wie ich nachträglich erkannte, noch im Zwischenbewusstsein verblieben war.

Der Vorgang der Bewusstseins-Wandlung

Ganz klar wurden mir die Unterschiede zwischen den verschiedenen Wachzuständen erst in der letzten Zeit, seitdem es immer öfter vorkommt, dass ich den Übergang aus dem Zwischenbewusstsein ins Normalbewusstsein in allen Einzelheiten beobachten kann. Früher, wenn ich z. B. vom Astralwandern zurückkam, gab es eine kurze bewusstlose Spanne zwischen der Rückkehr in die Leibeshülle und dem Erwachen in ihr. Nun empfinde ich manchmal das Eindringen des Fluidals in die Körperhülle mit vollem Wissen, und gleichzeitig beobachte ich ebenso die Wandlung des Astralbewusstseins in das Normalbewusstsein.

Alle Astralwanderer behaupten, sogar auch Sylvain Muldoon, der wohl auf die größte Anzahl von bewussten Astralwanderungen zurückblicken kann, dass sie im Fluidal genauso denken und fühlen wie im physischen Leib. Auch ich war früher dieser Meinung gewesen und hatte das Bewusstsein im Fluidal als identisch mit dem normalen Wachbewusstsein empfunden. Erst seit jüngster Zeit weiß ich aus Erfahrung, dass meine früheren Beobachtungen ungenau waren. Das Astralbewusstsein ist nicht dasselbe wie das Normalbewusstsein. Den Unterschied merkt man erst, wenn man die langsame Umwandlung des einen Bewusstseins ins andere beobachten kann. Dieser Unterschied ist aber so subtil (fein), dass ich nicht weiß, wie ich ihn beschreiben könnte. Die Verstandeskräfte scheinen in beiden Fällen in gleicher Weise zu funktionieren, nur ist die Wirklichkeit, in der sie wahrnehmen und agieren, eine andere. Vielleicht werde ich später einmal diese beiden Zustände besser auseinanderhalten können, wenn ich diese langsame Umwandlung öfters beobachtet haben werde.

Meines Wissens hat noch niemand von einer ähnlichen Beobachtung berichtet, vielleicht auch gar nicht erfahren. Vielleicht ist meine Behauptung für den einen oder ändern Astralwanderer ein Ansporn, seine Beobachtung in dieser Hinsicht zu schulen und vielleicht ähnliche Erfahrungen zu machen und damit die meinen zu bestätigen.

Auch Geisterseher behaupten, sie seien vollständig wach gewesen, als sie eine Erscheinung sahen. Sie täuschen sich. Sie waren zwar wach, aber keinesfalls tagwach. Eine genauest geschulte Beobachtung vermag den Unterschied wahrzunehmen. Doch das ist ungemein schwierig, denn meistens begeht man den Fehler, hingerissen die Erscheinung anzustarren, anstatt zu beobachten, was im Körper, was im Denken und Fühlen vor sich geht. Mit der Zeit kommt man darauf, dass die geschauten Gesichte unwichtig sind, dass sie bloß Zeichen am Wege bedeuten und dass es vielmehr darauf ankommt, lieber die Vorgänge im Nervensystem zu beobachten, die solche Erscheinungen hervorrufen.

In Erwartung des Todes

Als ich mich noch mit dem Buchstabieren beschäftigte, schienen auch mir die Visionen das Wesentliche zu sein, und so ließ ich mich von ihnen irreführen.

Einmal erwachte ich von einem furchtbaren Getöse, und mir war, als ob eine breite weiße Lichtsäule unmittelbar vor den Fenstern niedergegangen wäre. Ich dachte, eine Atombombe sei gefallen und wartete merkwürdig ruhig und gefasst darauf, dass ich nun sterben müsse.

Ein andermal war mir beim Erwachen, als ob eine ebensolche weiße Lichtsäule von oben in meinen Scheitel eindränge, bis zu den Augenbrauen vorstieße, dort herumtastete, aber einen Widerstand auf der linken Stirnseite (meiner Migränestelle!) vergeblich zu durchdringen strebte und sich wieder zurückzöge.

Manchmal, wenn ich wie in Totenstarre erwachte, sah ich mich als Skelett. Ich fühlte mich gerade ausgestreckt auf dem Rücken liegen, aber ohne Fleisch und Blut, bloße Knochen, von denen ich jeden einzelnen spürte.

Solche und ähnliche Erlebnisse gab es unzählige. Sie wurden immer ernster. Einmal saß ich vor dem Spiegel, mit kosmetischen Tricks beschäftigt, als sich von links eine Hand ins Sehfeld schob, den Spiegel wegnahm und statt dessen einen ganz gewöhnlichen Küchenwecker hinstellte. Mir erschien dieses Gesicht als ein Memento mori (gedenke des Todes!).

Als ich in einer andern Vision vor einem Friedhofstor stand, das sich plötzlich öffnete und ein grinsender Kapuzenmann mich zum Eintreten aufforderte, war ich überzeugt, nun bald sterben zu müssen.

Eine Art Verfolgungswahnsinn

Ich gab meine Berufsarbeit auf, zog mich von allen Freunden und Bekannten zurück und wartete auf den Tod. Dass diese und ähnliche Vorzeichen den mystischen Tod ankündigten und nicht den leiblichen, kam mir nicht in den Sinn. Ich war der Meinung, endgültig aus dem Leben scheiden zu müssen und zwar auf eine gewaltsame Art. Denn in meinen Gesichten und Träumen begann sich eine Art von Verfolgungswahn auszubilden, der auch bald auf mein Tagesleben übergriff.

Früher war ich bei meinen Traumwanderungen stets allein gewesen. Doch nun pflegten sich andere Personen zu mir zu gesellen. Aber das waren recht merkwürdige Subjekte. Sie sprachen kaum, und trotz korrektem Äußeren und Gebaren sah ich ihnen an, dass sie mich hinterrücks ermorden wollten. Wenn sie noch so freundlich und aufmerksam waren, so konnte ich dennoch hinter ihren Stirnen ihre Mordgedanken lesen. Ihre Gegenwart war so quälend für mich, dass ich mich immer wieder in den Wachzustand zurückreißen musste, weil ich dieses eigentümliche unheimliche Lauern um mich herum und das heimtückische bösartige Beobachten nicht mehr ertragen konnte.

Eines Tages kam es nun zu dem lang erwarteten Sterben: Ich fühlte, dass meine letzte Stunde gekommen war. Doch wie immer bei okkulten Erlebnissen: Es verlief alles ganz anders, als man erwartet.

Es begann wie üblich damit, dass sich beim Buchstabieren die Füße erwärmten, sodann die Zehen und Fußsohlen verkrampften und diese Spasmen (Krämpfe) immer höher stiegen. Das Neue aber war, dass diesmal nach der anfänglichen Erwärmung ein Kältegefühl einsetzte, begleitet von einem langsam fortschreitenden Starrwerden der betreffenden Körperregionen. Im Laufe dieser wurden die Füße und Beine gefühllos, als ob sie abgestorben wären. Langsam stieg die Wärmewelle unter überaus schmerzhaften klonischen (zuckenden) Krämpfen immer höher bis in den

Rumpf, gefolgt von Kältegefühl, allmählicher Erstarrung und Absterben der durchlaufenen Region.

Das missglückte Probesterben

Bis jetzt hatte ich alles mit einem geradezu unpersönlichen Interesse beobachtet, ohne eine Spur von Angst und bereit, auch den Tod auf mich zu nehmen, wenn ich diesen Auflösungsprozess mit Bewusstsein verfolgen könnte. Doch als nun die heftigsten und schmerzhaftesten klonischen Krämpfe im Brustraum zu toben begannen und der Hals mir gewaltsam verdreht und zugeschnürt wurde, erfasste mich plötzlich panisches Entsetzen.

Die Angstgefühle, die mit der Verkrampfung und Erstarrung der Baucheingeweide verbunden waren, hatte ich, als rein physiologisch bewirkt, tapfer durchgestanden, ohne mich seelisch allzu sehr zu engagieren. Doch als dem Herzen der Brustraum zu eng wurde und die zugeschnürte Kehle mir den Atem abpresste, konnte ich den seelischen Abstand nicht mehr wahren. Zutiefst erschrocken, begann ich verzweifelt nach Luft zu ringen und mich gegen diese mysteriöse Vergewaltigung, die mich ergriffen zu haben schien, zu wehren. Unter heftigsten Anstrengungen gelang es mir schließlich, den Erstarrungszustand abzuschütteln. Ich weiß nicht, ob ich mehr erschöpft oder mehr verblüfft – nach kurzer Besinnungslosigkeit – mich auf meinem Lager wiederfand, dem Leben zurückgegeben. Das Sterben war also doch nicht so einfach, wie ich Naivling geglaubt hatte.

Damals verstand ich nicht, was das Erlebnis bedeutete, dass sich nämlich der Fluidal von seinem physischen Gegenstück abgespalten hatte und im Begriff war, den Körper via Kopf zu verlassen. Es hatte sich also tatsächlich um ein Sterben gehandelt, wenn auch nur – wenn ich bis zum Schluss durchgehalten hätte – um einen vorübergehenden Tod.

Das Gefühl des Erstickens, das mich ergriffen hatte, war eigentlich programmwidrig: Die Abspaltung hätte ohne klonische Krämpfe vor sich gehen müssen. Später, als ich auf andern Wegen die Abspaltung des Fluidals erreichte, geschah es ohne schmerzhafte Krämpfe und ohne nennenswerte Ängste. Doch bis dorthin hatte ich bereits eine Menge dazugelernt und war vor allem körperlich besser vorbereitet.

Das verdankte ich meinem Bekanntwerden mit dem östlichen einschlägigen Schrifttum. Bei ihrem Vergleichen mit der einschlägigen Literatur westlicher Herkunft fiel mir auf, wie ausgeglichen und gesetzmäßig sich die Entwicklung im Osten vollzieht, ohne solche dramatischen und meist peinlichen Begleiterscheinungen, wie sie in den abendländischen Biographien berichtet werden. Es drängte sich mir die Beobachtung auf, dass die westlichen Mystiker fast durchwegs schwächliche, kränkliche, wenn nicht gar bettlägerige Geschöpfe sind, die an geheimnisvollen Übeln, an Krämpfen und Blutungen leiden, bei den unpassendsten Gelegenheiten in spektakulärster Weise in Ekstase fallen und womöglich noch verschmutzt und verlaust sind, wie noch im 18. Jahrhundert der berühmte hl. Benedict Joseph Labre.

Merkwürdig, wie viele Idealisten ihre höhere Weltanschauung durch strikteste Abstinenz von Wasser und Seife demonstrieren wollen: In unserer Zeit die Blumenkinder, Hippies und Genossen, im Mittelalter die Heiligen und Mystiker. Sich Gott zuliebe jeglicher Reinigung zu enthalten, galt als überaus erbauend und nachahmenswert. Die hl. Elisabeth von Thüringen z. B., die ich als Kind besonders verehrte, weil ihre unglückliche Ehe und das so poetische Rosenwunder mein romantisches Gemüt verzauberten, versagte sich vor lauter Heiligkeit jegliche Waschung und jegliches Bad und verbreitete infolgedessen einen derartigen Geruch, dass ihre Umgebung ihre Nähe floh und ihr Gemahl sich vor Ekel von ihr abwandte und sie entsprechend behandelte.

Man studiere dagegen die umfänglichen und minutiösen täglichen Reinigungsprozeduren der Hatha-Yogis, und man wird verstehen, wie eine solche Praxis lauterste Erkenntnisse tiefster Wahrheiten zeitigen kann, während die Körperverachtung und -Vernachlässigung des Christentums zu den abgeschmacktesten Phantastereien und Selbsttäuschungen infolge eines verwahrlosten Erkenntnisinstrumentes geführt hat.

Ohne richtige Vorbereitung geht es nicht!

Auch die Übung des Buchstabierens kann durchaus harmonisch verlaufen, ja sie soll es sogar und wird es auch, vorausgesetzt, dass man sich nicht ohne Vorbereitung in die Praxis stürzt. Weinfurter war der Meinung, dass Vorbereitungen deshalb nicht nötig seien, weil der Schüler im Verlaufe der

Übungen nach und nach von allen körperlichen und seelischen Unreinheiten befreit werde. Als Weinfurter schrieb, waren die Lebensverhältnisse noch einfachere als heute und die Leiber und Seelen noch weniger vergiftet. Die allgemeine Verseuchung hatte noch nicht den heutigen Grad erreicht, der immer mehr zunimmt, so dass man niemand mehr raten kann, ohne gründliche Umstellung ein okkultes Training zu beginnen.

Der indische Schüler z. B. wird angehalten, sich vorerst einer gründlichen körperlichen und moralischen Reinigung zu unterziehen, durch Fasten, knappe, einfache Diät, Tiefatmen, Einsamkeit, Schweigen etc., so dass ihm später alle diese unangenehmen Zwischenfälle, wie ich sie schilderte, erspart bleiben. Nicht umsonst heißt es, Raja-Yoga, die geistige Disziplin, könne nicht gelingen ohne vorherige Beherrschung des Hatha-Yoga, der körperlichen Disziplin, d. h. bevor nicht der Organismus in eine entsprechende Kondition gebracht worden ist.

Die Wichtigkeit der richtigen Diät

Nach diversen Studien erkannte ich: Blutungen sind auf Übersäuerung des Körpermechanismus, Krämpfe auf Kalkmangel zurückzuführen. Nach jahrzehntelangem Durchprobieren aller möglichen Ernährungslehren ist es mir gelungen, die für mich richtige Diät zusammenzustellen. Diese ist daran zu erkennen, dass sich nach der Mahlzeit statt einem Gefühl der Völle ein leichtes, überaus angenehmes Prickeln und ein Frischegefühl im Magen einstellt, so wie man es im Munde nach der Einnahme von Pfefferminz empfindet.

Ich habe diesem eigentümlichen Prickeln und Frischegefühl die Bezeichnung Ozonisierung gegeben, weil es dasselbe Empfinden hervorruft, wie es sich im Walde nach tiefem rhythmischen Atmen in den Lungen einstellt. Tatsächlich scheint es sich dabei um etwas Ähnliches zu handeln, um eine Ozonisierung oder Vitaminisierung der Magensäfte. Dieses ungemein angenehme Gefühl im Magen stellt sich nur ein, wenn die eingenommene Nahrung in puncto Qualität und Quantität richtig ausgewogen zusammengestellt ist. Schon ein einziger Bissen mehr als zulässig, und dieses Gefühl tritt nicht mehr auf. Es dauert daher sehr lange, bis man es lernt, seine Mahlzeiten korrekt zusammenzustellen und im richtigen Augenblick auch mit dem Essen aufzuhören. Man bekommt mit der Zeit ein untrügliches Gefühl dafür.

Heute kann ich im Körperinnern buchstabieren so viel ich will: Es kommt weder zu Krämpfen oder Konvulsionen, geschweige zu Blutaustritten. Wenn sich solche Erscheinungen einstellen, ist mit dem Organismus etwas nicht in Ordnung und sollte vorher berichtigt werden.

Und wer gar unter Anfechtungen von Teufeln und Dämonen zu leiden hat, dem sei in aller Freundschaft nahegelegt, sich der Taufe durch den Wasserengel zu unterziehen. (Einem denkenden Menschen wird es hier auffallen, dass ein religiöses Bild und ein ebensolcher Begriff auf eine höchst prosaische Prozedur in diesem aramäischen Evangelientext angewandt wird. Die Praxis esoterischer Übungen hat mich schon frühzeitig belehrt, dass meine ursprünglich romantische Einstellung sakralen Texten gegenüber einer gründlichen Korrektur bedarf, wenn man sich nicht in Träumereien und abergläubischen Spekulationen verirren und verlieren will.

Der Hüter der Schwelle

Etwa in dieselbe Zeit wie das Sterbeerlebnis fiel auch meine erste Begegnung mit dem geheimnisvollen Hüter der Schwelle. Bis dorthin kannte ich bloß die Schilderungen von Bulwer-Lytton in seinem Roman „Zanoni" und die von Rudolf Steiner, natürlich auch die antiken Sagen der Griechen und Ägypter. Diese alten Völker stellten ihn als einen Schakal bzw. einen Hund mit einem, manchmal mit dreien und sogar vielen Köpfen dar, während die westlichen Autoren moralisierende Phantasiegestalten auftreten lassen, die sie bestimmt nicht erlebt, sondern bloß erdichtet haben.

In meinem Wachgesicht nahm dieser mysteriöse Hüter der Schwelle die antike Gestalt eines Hundes an.

Es war beim Buchstabieren im Sitzen, als ich plötzlich ein Geräusch hörte, das eine seltsame Ähnlichkeit mit dem Blaffen eines Hundes hatte. Es war aber ganz deutlich zu merken, dass es sich dabei keinesfalls um ein wirkliches Hundebeilen handelte, sondern nur um ein ganz ähnliches Geräusch. Doch auch ich wusste zunächst nicht, wie sich dieses merkwürdige Phänomen anders als mit einem Hundegekläff vergleichen ließe.

Gleichzeitig mit diesem Geräusch spürte ich, wie mich ein Etwas wütend ansprang, und dabei hörte ich das charakteristische Geräusch des Reißens von Stoff, und ich fühlte, wie mir ein großer Lappen aus dem Kleid gerissen wurde. Die Sensation war so lebenswahr, dass ich erschrocken auffuhr und nach meinem Kleid griff. Ich war erstaunt und erleichtert, es unversehrt zu finden.

Beim Überlegen, wie wohl diese seltsame Ähnlichkeit mit einem Hundeblaff entstanden sein mochte, erinnerte ich mich meiner kindlichen Spiele in der Badewanne, wenn ich die Ohren abwechselnd unter Wasser tauchte und wieder heraushob und dabei das veränderte Geräusch im Ohrrinnern beobachtete, das sich beim Übergang aus dem Wasser in die Luft und umgekehrt einstellte. Es ist dies ein ganz kurzes Geräusch, ähnlich wie wenn man einen Stöpsel aus der Flasche zieht. So ein kurzes, einem Hundeblaff ähnliches Geräusch stellt sich also beim Übergang aus einem Medium gewisser Dichte in ein anderes Medium stärkerer oder geringerer Dichte ein.

Im kleinen Maßstab dürfte es sich dabei um etwas Ähnliches handeln wie beim Durchbrechen eines Flugzeugs durch die Schallmauer. Der kurze Knall, der dabei entsteht, dürfte das Gegenstück zu dem Blaff sein, der beim plötzlichen Hinabtauchen aus dem Zwischen- bzw. Traumbewusstsein ins Tiefenbewusstsein, also in einen Bereich feinerer und rascherer Vibrationen gehört wird.

Meist handelt es sich bei diesem Schwellenerlebnis um ein einziges kurzes Geräusch. Wenn es mehrmals auftritt, so dass der Eindruck entsteht, als ob viele Hunde oder Hundeköpfe bellten, dann ist dies auf ein Auf- und Abschwanken der Konzentration um den Schwellenbereich herum zurückzuführen.

Bei dieser ersten Begegnung sah ich den Hund nicht, wusste aber irgendwie, dass er schwarz war. Bei der nächsten Begegnung war er dunkelbraun und hatte zwei Köpfe, die mich mit einem eigentümlichen spöttisch-resignierten Ausdruck beobachteten. Er stand vor einem ländlichen Holzgatter, schaute mich unverwandt an und legte sich schließlich in den Graben, der sich vor dem Gatter befand, mir so den Zugang ebnend. Bei späteren Begegnungen hatte er das Aussehen eines normalen gutmütigen Bernhardiners, der wachsam vor einem Tor saß, ohne die geringsten Anstalten zu treffen, mich am Durchschreiten dieses Tores zu hindern. Ich sah ihn später noch öfters, aber merkwürdigerweise lief er dann jedes Mal vor mir davon, versteckte sich, lugte aber immer um die Ecke herum hervor und beobachtete mich. Auch wenn ich ihn zu locken versuchte, zog er furchtsam den Schwanz ein, wich ängstlich zurück und suchte sich zu verstecken.

Die Begegnung mit dem Hüter war also für mich nicht bloß ein einmaliges Erlebnis, sondern wiederholte sich des öfteren. Allerdings eindrucksam und dramatisch war bloß das erste Rencontre (Begegnung).

Tagsüber passierte es mir oft, dass ich mich auf meinen Wegen von einer Wolke von winzigen hüpfenden Lichtpünktchen umgeben sah, die oft so dicht war, dass sie mir die Sicht erschwerte.

Der Heilig-Geist-Zustand

Interessant war auch das Erlebnis des Phänomens, das irreführenderweise als hl. Geist bezeichnet wird. Man stellt sich da unwillkürlich eine Taube oder sonst einen Vogel vor oder eine Stimme aus den Wolken. Eine Schwalbe, die mit blendendweißem Untergefieder mich mit zärtlichem Zwitschern während des Übens langsam umschwebte, so dass ich sie mit der Hand hätte greifen können, erlebte ich oft, doch das Erlebnis des hl. Geistes verlief ganz anders. Eigentlich sollte diese Bezeichnung richtiggestellt werden und Geist der Heiligkeit lauten, denn es handelt sich dabei weder um eine Person noch um eine Taube oder sonstigen Vogel, sondern um einen ganz merkwürdigen Bewusstseins- und Gefühlszustand.

Das Erlebnis begann damit, dass sich beim Buchstabieren im Stehen eine sanfte, ungemein wohlige Wärme im Steißbein bemerkbar machte und langsam von dort entlang der Wirbelsäule hochstieg. Als ich noch verwundert diese Sensation beobachtete, überfiel mich ein Gefühl unsäglicher All-Liebe, von Lauterkeit und Reinheit, von Hingabe und Opferbereitschaft an ein Ideal, an Selbstlosigkeit und Vollkommenheit. Es war ein überschwängliches Gefühl der Reinheit und Heiligkeit, einer grenzenlosen Sympathie für die ganze Menschheit, für alle Kreatur. Diese Empfindung überwältigte mein ganzes Wesen, erfüllte und durchstrahlte mich, ich wäre am liebsten zerschmolzen, um mich ganz ins All zu verströmen. Ich empfand einen unwiderstehlichen Drang, aller Kreatur zu helfen, allem zu dienen und wäre es auch unter den größten und schwersten Opfern. Mit Begeisterung würde ich jedes Martyrium auf mich genommen haben, wenn ich damit auch nur einem einzigen Wesen hätte helfen können. Jegliche Ichsucht, jegliches Eigeninteresse schmolz dahin, und ich war nichts als verkörperte All-Liebe, Allbeseligung.

Nun verstand ich in der tiefsten Tiefe meines Seins, wieso die christlichen Märtyrer singend und mit Jauchzen in den qualvollsten Tod gegangen waren, wenn sie sich in diesem seltsamen Zustand befanden.

Dieser hielt stundenlang an, und während dieser Zeit fühlte ich mich buchstäblich wie im Paradies. Leider wich diese Hochstimmung nach einigen Stunden, manchmal erst nach einigen Tagen, und ich fand mich wieder zurück auf der profanen Erde. Und diese war für mich zu einem höchst unangenehmen Aufenthaltsort geworden.

Stimmt das mit dem Schicksalsgalopp?

In esoterischen Schriften wird viel und geheimnisvoll vom galoppierenden Schicksal geraunt, das dem praktizierenden Geheimschüler schon auf den ersten Stufen einer Entwicklung blühen soll. Dieses Galoppieren soll sich dahingehend auswirken, dass der Übende alle Karmaschulden in kürzester Frist abzugelten habe, was durch eine rasch aufeinanderfolgende Reihe von Schicksalsschlägen geschehen soll.

Nun, die Wahrheit dieser Behauptung habe ich auch an mir selbst erfahren, nur dass ich die Ursache all dieses Ungemachs auf mich selbst, auf meine damalige Unbeherrschtheit zurückführe. Denn genauer betrachtet, waren die meisten dieser Verhängnisse, die pausenlos über mich hereinbrachen, auf ein falsches Reagieren meinerseits zurückzuführen. Ich beging im äußeren Leben eine Eselei nach der ändern, wie sie mir bei einer normalen Verfassung meines Geisteszustandes niemals eingefallen wären.

Zu allererst gingen jahrzehntealte Freundschaften in die Brüche. Menschen, auf die ich glaubte, bauen zu können, erwiesen sich als verräterisch, falsch und berechnend. Man belog und bestahl mich in meiner eigenen Wohnung. Ich war entsetzt, in lauter seelische Abgründe zu schauen. Seit ich die Abgründe in meinem eigenen Innern aufgerissen hatte, konnte ich auch in die seelischen Abgründe der andern hineinsehen. Ich begann, mich vor den Menschen zu fürchten, ging allen Leuten aus dem Weg und wollte schließlich von niemand mehr etwas wissen. Die ich als Landpomeranze früher immer offen und vertrauensselig gewesen war, wurde nun misstrauisch und verschlossen.

Schließlich wurde mir das Stadtleben unerträglich. Ich wollte hinaus aufs Land, weil ich meinte, dort bessere Voraussetzungen für meine geistigen Bestrebungen zu finden.

Ich veräußerte meine Wohnung und alles von Wert, was ich besaß, zog mich in ein winziges Bergnest zurück und beschloss, dort bis zu meinem baldigen Ableben – wie ich meinte – zu bleiben.

Das alles war natürlich unsinnig und hat mich bis ins Elend geführt. Nicht umsonst wird in den esoterischen Anweisungen gemahnt, an seinem äußeren Leben nichts zu ändern. Doch durch die Übungen wird das ganze Sensorium so überaus empfindsam, dass einen eine sehr starke Hand führen müsste, wenn man nicht auf Abwege geraten soll. Dass mein äußeres Leben nach und nach zur Hölle wurde, hatte ich mir selber zuzuschreiben, und es hat viele Jahre gebraucht, bis ich wieder zur Vernunft kam und in ein halbwegs normales Leben zurückkehrte. Durch die Übungen wird die Geistesverfassung eines Menschen gleichsam in seine Bestandteile aufgelöst, man gerät in eine zeitweilige Geistesverwirrung, in einen Irrsinn, bis sich das innere aufgestörte Chaos klärt und man wieder zurück zur Mutter Erde findet. Aber bis dorthin war es für mich ein langer und überaus schmerzensreicher Weg.

Licht-Erlebnisse

Da ich der Meinung war, nicht mehr lange zu leben, aber beim Buchstabieren nicht über die Fußknöchel hinausgekommen war, fürchtete ich, keine Zeit mehr zu haben, um den ganzen Organismus durcharbeiten zu können. Deshalb wollte ich rasch noch eine wirksamere Methode ausprobieren, wie sie Weinfurter empfahl: Die Konzentration auf die Brustmitte.
Gleich beim ersten Versuch strahlte dieses blendendweiße Licht auf, das ich schon am Beginn dieses Erlebnisberichtes geschildert habe. Doch diesmal sah ich nicht bloß dies gleißende Licht, sondern inmitten dieser wahrhaft überwältigenden Lichtflut ragte eine wunderbar herrliche Gestalt von klassisch-idealer Schönheit und hoheitsvoller Majestät. Gleichzeitig rief ich im Geiste – oder etwas in mir rief es, genau war es nicht zu unterscheiden: Das bin ich, das bin ich! In freudiger Ergriffenheit wusste ich, dass dieses herrliche Wesen, das so gar keine Ähnlichkeit mit meiner äußeren Erscheinung hatte, in geheimnisvoller Weise dennoch ich selber war. Ich erkannte die Vision als eine Aufforderung, an mir zu arbeiten, um die Schönheit dieses hohen Ich auch in meinem äußeren Ich zum Ausdruck zu bringen. Ein unendlich langer Weg lag damit vor mir. An meinen nahe bevorstehenden Tod dachte ich dabei gar nicht.
Die Versuche in den nächsten Tagen, diese Lichterscheinung wieder hervorzurufen, gelangen nicht. Anscheinend hatte ich beim ersten Mal zufällig die richtige Stelle in der Brust getroffen. Diese gewisse Stelle wird

in verschiedenen Schriften verschieden lokalisiert: Nach Weinfurter soll sie genau in der Brustmitte liegen, östliche mystische Schriften nennen das organische Herz selbst, die Theosophen sprechen vom rechten Herzventrikel (Herzkammer), die Hesychasten auf dem Berge Athos bezeichnen eine Stelle etwas oberhalb der linken Brustknospe, andere etwas unterhalb dieser. Die Angaben variieren, und so blieb mir nichts anderes übrig, als das Brustinnere mit dem Strahl der Aufmerksamkeit solange abzutasten, bis ich die richtige Stelle finden würde, die vielleicht nicht bei allen Menschen ganz genau die gleiche ist.

Der brennende Busch in mir

Bei diesem Suchen begann ich – als nächsten schwerwiegenden Fehler – in der Brust und Leibesmitte wieder Vokale zu denken und zu erfühlen.

Die Wirkungen ließen nicht lange auf sich warten und waren womöglich noch schmerzhafter als die anfänglichen in den Füßen. Nun erfuhr ich am eigenen Leib, was der brennende Busch symbolisieren soll. Die anfänglich angenehme Wärme, die sich beim Üben einstellte, steigerte sich bald zu unerträglicher Hitze. Alle die weitverzweigten Nervenstränge im Innern des Rumpfes wurden schmerzhaft lebendig, begannen zu glühen, zu zucken, zu brennen und zu stechen und beschworen von selber die Vision eines dornigen Gerankes herauf, das mein Inneres peinvoll durchwuchs. Ich glaubte, eine Art von stacheligem Wacholderbusch in mir aufwachsen zu fühlen, manchmal war es wieder eine starre kerzengerade Fichte, deren jeden einzelnen Dorn und jede einzelne Nadel ich als quälenden Stachel empfand. Alles in mir stach und brannte infernalisch.

In Träumen und Wachvisionen irrte ich durch brennende Wälder und Labyrinthe oder ich war in einen feurigen Mantel gehüllt, der an mir klebte und der sich nicht ablösen ließ. Oder ich war an einen brennenden Baum gefesselt, und scheußliche Gestalten schössen Feuerpfeile nach mir, die mich bis ins Innerste peinvoll durchdrangen.

Die Pein des inneren und äußeren Lebendigwerdens

Dieses Brennen und Stechen blieb nicht auf das Körperinnere beschränkt: Es griff auch auf die Außenhaut über, und ich verstand mit einem Mal, welchen inneren Erfahrungen das Nessushemd des Herakles und der Tod des Helden auf dem Scheiterhaufen ihre Entstehung verdankten.

Später ging mir auf, dass dieses Brennen und Stechen, ebenso wie das Knistern und Weben, das sich auch hier bemerkbar machte, auf das gleichsame Erwachen der Nervenpunkte und -bahnen zurückzuführen war, die aus ihrer Betäubung, ihrem Dahindösen durch die nach innen gerichtete Aufmerksamkeit gleichsam aufgestört wurden. Die Vitalkraft, aber auch das Blut pflegen der mentalen Aufmerksamkeit zu folgen, daher die Blutkongestionen (Blutandrang) in den Fußmitten, als ich mich auf diese konzentrierte, und später beim Üben im Rumpfinnern das Eindringen von Blut und Vitalkraft in bis dahin brachliegende Gefäße und Nervenbahnen. Es dürfte sich dabei um einen ähnlichen Prozess handeln, wie beim Reaktivieren von eingeschlafenen Gliedmaßen. Je nach dem Grad der Betäubung durch Stauungen kann das Wiedereinfließen des gedrosselten Blutstromes recht schmerzhaft sein, wie wohl jeder aus Erfahrung weiß. Danach kann man ermessen, um wie viel ärger die Pein sein muss, wenn das Blut und die Vitalkraft in Bahnen und Zellen einzudringen beginnt, die überhaupt noch nie lebendig, d. h. aktiv waren. Das bekam ich am eigenen Leib zu spüren.

Gleichzeitig hatte ich das Empfinden, als ob diese Verlebendigung vernachlässigter Bahnen und Zellen jeden einzelnen Nervenpunkt gleichsam zu einem Sinnesorgan umgestaltete. Die antike Sagengestalt des augenbedeckten Argus, der Io bewachte, erschien mir im Gesicht, während mir gleichzeitig war, als sei ich selber dieser Argus, da jedes Nervenganglion (Nervenknoten) gleichsam zu einem Auge sensibiliert worden war, so dass die ganze Körperoberfläche auf allen Seiten wie von unzähligen Wahrnehmungsorganen bestanden zu sein schien und ich nach allen Seiten gleichzeitig schauen konnte, also allsehend war.

Die gleiche Erfahrungstatsache veranschaulichen wohl auch die Seraphim der jüdischen Kabbala, jene feurigen Wesen aus der Substanz Gottes, aus lebendigem Feuer, deren Körper und sechs Flügel dicht an dicht von Augen besetzt waren. Nach der Tradition standen sie Gottes Thron am nächsten und vermochten ebenfalls nach allen Seiten gleichzeitig zu schauen.

Der Übende erlebt sehr bald die Wirklichkeit jenes lebendigen Feuers und findet Gelegenheit, die Genese (Entwicklung) der allseitig sehenden Augen zu beobachten: Ein überaus interessantes, aber auch höchst schmerzhaftes und entnervendes Erlebnis.

Es würde zu weit führen, alle Erlebnisse und Visionen, Träume und Erfahrungen, die ich auf diesem Wege erfuhr, zu schildern. Denn es verging kein Tag und keine Nacht ohne neue und unerwartete Überraschungen und Beglückungen, aber auch Schmerzen und Quälereien. Ich glaube, bei keiner anderen Methode überstürzen sich die Phänomene so zahlreich wie beim Buchstabieren.

Man fragt sich, wie ein so einfaches Verfahren wie das Buchstabendenken am und im Leibe so tiefgreifende Wirkungen zeitigen könne. Auch scheinen diese Wirkungen auf den ersten Blick der Behauptung Weinfurters, dass diese Übungen die Gesundheit des Körpers festigen und ihn schließlich gegen Krankheiten feien würden, zu widersprechen.

Als ich aber später die Blutstauungstherapie von August Bier und die diversen Konvulsionstherapien kennenlernte, also zu meinem Erstaunen erkannte, dass das gleiche Prinzip auch in der modernen Heilkunde bekannt ist und Anwendung findet, kam mir auch das Verständnis für die heilsame Wirkung der Buchstabierkunst, die, wenn bis zum Ende durchgehalten, einen wahrhaften Diamantleib, einen gegen alle pathologischen Angriffe gefeiten Organismus schafft.

Nach dem okkulten Satz: „Dem Gedanken folgt Energie" sammeln sich im Gefolge der systematisch angeordneten Vorstellungen Blut- und Pranamengen an den jeweils bearbeiteten Körperstellen an, und infolge dieser Überfüllung an Blut und Energie, zusammen mit der infolgedessen auftretenden Überhitzung der einzelnen Stellen, werden alle Schlacken und Unreinheiten verbrannt und deren Überreste vom Blutstrom weggeschwemmt und in die Reinigungsfilter der großen Körperdrüsen, der Leber und der Nieren, geleitet, wodurch der Körper von allen krankmachenden Stoffen befreit wird.

Bei Menschen mit Übergewicht und weitgehend verschlacktem Organismus, also bei den meisten Abendländern mittleren Alters, können diese Übungen zu Störungen des Wohlbefindens führen. Man meint irrtümlicherweise, dass diese Exerzitien krank machen, während sie in Wirklichkeit den Körper sanieren wollen, indem sie auf jede Unordnung in der Körperbeschaffenheit hinweisen und anzeigen, welche Organe mit Abfallstoffen überlastet sind und einer gründlichen Reinigung bedürfen.

Das Buchstabieren führt schleichende Übel in ein akutes Stadium über und sorgt dadurch für ein rasches Erkennen von Störungen, die sonst unbeachtet und heimlich den Organismus unterminieren.

Bei mir haben diese Übungen zu keinerlei Erkrankungen geführt, da meine Organe alle noch gesund und sauber waren. Doch bei anderen traten charakteristischerweise Leber- und Nierenstörungen auf, ein Zeichen, dass der Körper mit Schlackenstoffen überlastet war, deren Ausscheidung die Organe zu sehr anstrengte. Man sollte es daher dankbar begrüßen, wenn beim Buchstabieren körperliche Störungen auftreten, weil sie anzeigen, wo im Organismus etwas nicht in Ordnung ist, das früher oder später zu einer schweren Erkrankung führen würde, wenn nicht sofort die erforderlichen Maßnahmen ergriffen werden. Allen übergewichtigen Interessenten wäre daher zu raten, vor Inangriffnahme einer okkulten oder mystischen Praxis den Körper durch Fasten, Diät, Kneippkuren etc. einer gründlichen Reinigung zu unterziehen. Dann wird das Buchstabieren die letzte Klärung bewirken und einen durch und durch regenerierten, daher störungsfreien Organismus zeitigen.

Wer seinen Körper auf diese Weise vollständig durchackert, kann sicher sein, jede Unsauberkeit in den Geweben, Muskeln, Sehnen und Knochen verbrannt (in der wörtlichsten Bedeutung des Ausdrucks), jede Fehlleitung in den Nervenbahnen und jede Fehlfunktion in den Organen zurechtgerückt zu haben. Denn diese Übungen greifen viel tiefer ein als bloß in die Blut- und Nervenbahnen: Sie dringen bis in eine andere Dimension und korrigieren den Fluss der elektromagnetischen Strömungen der unsichtbaren Geistmatrize des Fluidals.

Bestätigung durch die Akupunktur

Dieses vertiefte Verständnis für die Vorgänge beim Buchstabieren wurde mir, als ich die chinesische Akupunktur kennenlernte. Man sehe sich einmal anatomische Tafeln mit den eingezeichneten Bahnen der einzelnen Merediane an, wie die Chinesen die den ganzen Körper durchziehenden Energiebahnen nennen. Da gibt es z. B. allein in den Füßen 42 sensitive Punkte, die Ausgangs- bzw. Endstellen von feinstofflichen Strömungen sind, die in bestimmten Bahnen durch den Körper fließen und die Funktionen der einzelnen Organe bis hinein ins Gehirn, bis hinauf zur Schädeldecke, ja bis in die einzelnen Stellen des Gesichtes beeinflussen. Kein Wunder also, dass beim Sammeln der Aufmerksamkeit z. B. auf einen Punkt seitlich des zweiten Zehengliedes der vorletzten Zehe es im Kopfe zu funken und zu blitzen beginnt, denn der durch die Konzentration verstärkte Energiestrom fließt seitlich von der Zehe entlang der Waden, der Knie, mitten durch den Rumpf zum mittleren Halswirbel und von dort in einem auf den ersten Blick verwirrenden Zickzack durch das Innere des Schädels. Bei diesem Hindurchströmen wird jedes Hindernis auf dem Wege überrannt, und wenn die Bahn nicht offen ist, sondern durch Schlacken verlegt, oder wenn sie durch Nichtgebrauch nur teilweise passierbar oder infolge Krankheit verformt ist, muss der Durchstrom notwendigerweise so lange schmerzhaft empfunden werden, bis alles klar und rein ist und nichts mehr den glatten Lauf der Energie hindern kann.

Die Konzentration auf die diversen sensitiven Punkte, die beim Buchstabieren alle beim allmählichen Weiterrücken von einer Stelle zur anderen erfasst werden, wirkt ebenso, wie der Einstich der Nadeln beim Verfahren der Akupunktur: Sie aktiviert schlafende Zellen, die ihrerseits regulierend auf ihre unmittelbare Umgebung wirken und übererregte Nervenpunkte dämpfen, damit der allgemeinen Richtung des Kraftstromes seine gesetzmäßige Richtung gebend.

Durch die Blut- und Pranaüberfüllung, durch die Reizung bzw. Dämpfung einzelner Nervenpunkte, durch die Durchdringung brachliegender Nervenstränge bringt das Buchstabieren allmählich Körper, Seele und Geist in das gottgewollte Gleichgewicht. Und da alle diese einzelnen Schritte von Visionen begleitet sind, lernt man gleichzeitig die Gesetze der Seele und des Geistes kennen und bekommt ein vertieftes Verständnis für die Geistesgeschichte der Menschheit, die letztlich auf den Gegebenheiten des Organismus beruht.

*

Nach dem Lesen dieses Textes wird jedem Hermetiker sofort gewahr, wo die Fehler, die falschen Ansichten und die Irrtümer lagen, die die Frau Heller in den Wahnsinn trieben. Ich will damit nicht die Praktikantin in den Schmutz ziehen, sondern nur auf die eventuellen Gefahren einer einseitigen Sicht hinweisen. Wenn man die Lehren von Franz Bardons Werken nie und nimmer außer Acht lässt, kommt es nicht zu derartigen Zuständen, wie sie oben beschrieben wurden. – Hohenstätten.

9. Der Lebensbaum – Yggdrasil – der Lichterbaum – der Weihnachtsbaum
Hohenstätten

Ein Weihnachtsfest ohne die lichtergeschmückte Tanne können wir uns nicht denken und sind daher geneigt, anzunehmen, dass der Lichterbaum während der ganzen deutschen Geschichte und darüber hinaus schon im germanischen Altertum zum Mittwinterfest gehörte. Er stammt aus einem kleinen Gebiet, dem Allemannischen des Oberrheins, wurde im 18. und 19. Jahrhundert vor allem zunächst in den Städten aufgenommen und über ganz Deutschland und schließlich weit darüber hinaus verbreitet. Bei unseren Bauern finden wir noch vielfach an Stelle des Lichterbaumes andere Weihnachtssinnbilder, Leuchter, Kronen und Pyramiden, die heute überall von der lichtergeschmückten Tanne verdrängt werden.

Bachofen hat in seiner Gräbersymbolik folgende Sätze geschrieben, die als Grund-Sätze der Brauchtums- und Sinnbilderforschung gelten müssen: „Neue Symbole und neue Mythen erschafft die spätere Zeit nicht. Dazu fehlt ihr die Jugendfrische der ersten Existenz. Aber dem Schatze überlieferter Darstellungen weiß das spätere, mehr auf sein Inneres gerichtete Menschengeschlecht eine neue vergeistigte Bedeutung unterzulegen."

Im Allgemeinen werden doch wenigstens noch irgendwelche Restformen des alten Brauchtums vorhanden sein, an die dann eine lebendigere Zeit anknüpfen und denen sie wieder eine vollere Form geben kann, die dem Urbilde entspricht. Immerhin mag hier noch darauf hingewiesen werden, dass der Siegeszug des Lichterbaums über ganz Deutschland in die Zeit des Sturm und Drangs der Romantik fällt, d. h. in eine Zeit, in der das germanische Blut am stärksten wieder aufleuchtete. Lichterbäume gibt es im Kult verschiedener indogermanischer Völker. Die Volkskunde ist das schöpferische des Unbewussten, der tiefen Seele und sein Recht gegen die unschöpferischen Geistigen und Geistlichen verteidigt. Die hier vorliegenden gültigen Befunde zur Kenntnis zu nehmen, hatten allerdings die neueren Gelehrten nicht nötig. Gelingt es uns zu erweisen, dass der Lichterbaum die kultische Darstellung des Weltbaums ist, so können wir ihn im germanischen Mythos wiederfinden und zugleich wahrscheinlich machen, dass er auch damals – trotz des Schweigens der Quellen – im Kult eine Rolle spielte.

Die bisherige Forschung hat keine Einigkeit über die Frage erzielen können, woher der Weihnachtsbaum stammt. Deshalb darf es auch kein anderer tun!? Die einen leiten den Weihnachtsbaum vom mittelalterlichen Paradiesbaum ab, die anderen von einfachen dämonenabwehrenden Grünzweigen – Immergrün – des volkstümlichen Zwölften-Brauches um die Weihnachtszeit. Nach christlichen Glauben wurden Dämonen immer durch Feuer, Licht, Glockenläuten usw. und Lärm vertrieben. Hier wurden aber in den Nächten die 12 Alten verehrt! Soweit aber die Zwölften-Bräuche heidnisch-germanisch bestimmt sind, dienen sie nicht der Dämonenabwehr, sondern sollen vielmehr die Geister anlocken und herbeiziehen.

Der Weihnachtsbaum ist dem völkischen Brauchtum zugehörig und als Wintermaien, d. h. Festbaum oder Zweig des Mittwinterfestes aufzufassen und mit dem Maibaum und den übrigen Jahresfestbäumen in einer Reihe steht. Das hängende Bäumchen ist ihm nur eine Fortentwicklung des noch älteren einfachen Grünzweiges, der an der Decke aufgehängt wurde. In den ältesten Belegen seien nur einfache Grünzweige erwähnt, die auch in England als Festschmuck der Mittwinterzeit bezeugt sind und noch in neuerer Zeit in Westfalen und andernorts neben den inzwischen aus ihnen entwickelten Baum- und Leuchterkronen fortbestanden. Die Decke war angeblich besonders des Geisterschutzes bedürftig. Aus dem Gespensterglauben der Mittwinterzeit soll der Baum allmählich entstanden sein. Doch: Der Weihnachtsbaum ist der Kultbaum des Mittwinterfestes, der mit Äpfeln und Nüssen, Zuckerzeug, Gebildbroten, Rauschgold und Kerzen geschmückt ist. Auch bei dieser altertümlichen Form des weihnachtlichen Kultbaumes, der Pyramide, findet sich also die Verbindung von Immergrün und Licht. Es ist falsch, das Alter eines Brauches nach seiner schriftlichen Bezeugung zu bestimmen. Schon die frühesten Konzilienbeschlüsse und Kirchenerlasse verbieteten den Baumkult. Es wurde auch eine besonders große Pyramide auf dem Markt errichtet, um die getanzt wurde. Die Lieder, die bei diesem Reigen gesungen wurden, haben Ähnlichkeit mit flämischen Kirmesliedern, die beim Tanz unter der Krone gesungen wurden.

Wenn wir sehen werden, dass der Festbaum der Wintersonnenwende das kultische Abbild des Weltbaumes ist, so ist bei der Pyramide zugleich an die Darstellung des Weltberges zu denken, die sich mit der des Weltbaumes vielfach berührt. Einen weiteren Ausblick eröffnen die pyramidenförmigen Kerzen- und Kienspanhalter aus Ton, die bisher aus Deutschland, Holland und Schweden bekannt sind und jedenfalls in Schweden beim Julfest Verwendung fanden. Es handelt sich um eine alte Form, die sich in Deutschland vom 12. Jahrhundert bis zur Gegenwart als Kerzenträger nachweisen lässt. Einige dieser Tonleuchter aus Holland werden der Völkerwanderungszeit zugeschrieben. Diese aus Ton gefertigten Lichtblöcke haben meist vier-, sechs- oder achtseitige Form und sind öfter als Stufenpyramiden gestaltet. Sie tragen fast immer Verzierungen, in denen wir alte Sinnbilder erkennen können. Besonders häufig sehen wir den sechs- und achtstrahligen Stern und das sechsspeichige Rad (Hagal). Man hat in diesen Leuchtern Nachbildungen von Kulttürmen erkennen zu können geglaubt, in denen das heilige Feuer brannte. Diese Türme wiederum dürften Darstellungen des Weltberges sein, der nach indogermanischem Mythos in der Weltmitte steht.

Was die übrigen Weihnachtsleuchter und Gestelle angeht, so finden wir die mannigfaltigsten Formen im Erzgebirge, nämlich Weihnachtsengel, Bergmann, Lichterkrone (Spinne) und Pyramide. Die Lichterkronen, die ähnlich auch in Pommern vorkommen, sind hängende Leuchter, die den Grundriss eines Sternes mit sechs oder acht Strahlen zeigen. Bemerkenswert ist, dass diese hölzernen Kronen häufig grün angestrichen oder mit grünen Zweigen geschmückt sind. Dieser hat seinen nächsten Verwandten in dem Klausenbaum Süddeutschlands (Bayern, Schwaben). Dieser Klausenbaum hat verschiedene Formen. Ein ähnlicher Weihnachtsleuchter ist der schwedische Julapfelleuchter (schwed. juläpplestake). Auch Gestelle mit sieben Leuchtern, einen sogenannten Siebenstern mit oder dreiarmigen Leuchter oder Kerzen gehören mit in diese Lebensbaumverehrung.

Der Baum ist ein altes Sinnbild des Jahreskreises, da er seinem Grünen und Welken das ewige Werden und Vergehen eindrücklich vor Augen stellt. Es ist daher erlaubt, die Zahl der Äste der Baumgestelle auf die Zahl der Speichen des Jahresrades zu beziehen. Der Baum wurde in Kirsch-, Birken-, Linden- und Flieder (Springen-)Zweige in die Stube gebracht, um ihn bis zum Beginn der Zwölf Nächte zum Blühen zu bringen. Sie sind höchst altertümliche Weihnachtsleuchter und beweisen das hohe Alter der Verbindung von Baum und Licht.

Man muss sich ferner darüber klar sein, dass es bei der Spärlichkeit der Berichte aus älterer Zeit kaum möglich ist, die verschiedenen Formen des weihnachtlichen Kultbaumes und Baumleuchters alle auf streng landschaftlich gebundene Sonderformen zurückzuführen. Es können sehr wohl schon in früheren Zeiten in einer Landschaft verschiedene Formen nebeneinander in Gebrauch gewesen sein.

In der Spitze des Baumes finden wir öfters einen großen, meist achtstrahligen Stern. In ihm scheint die stärkste Leuchte im Wipfel zu erstrahlen. Vielleicht hat der Stern aber noch andere sinnbildliche Bedeutung. Oft dreht sich der Baum oder die Pyramide, oder ein waagerechter sich drehender Stern ist an der Spitze angebracht. In der Zeit der Zwölften ziehen die Sternsinger oder die Sternbrecher um, die einen großen Stern oder Rad tragen und dauernd in drehender Bewegung (Rit!) halten. Es handelt sich wieder um das Jahresrad, das mit dem Neujahrstage nach dem Stillstand zur Sonnenwende sich von neuem zu drehen beginnt.

Selbst die Götter müssen nach eddischem Mythos die goldenen Äpfel der Idun verzehren, um sich die ewige Jugend, die Unsterblichkeit zu bewahren. Wie die Götter muss der Mensch zu bestimmten Kultzeiten den Apfel essen, um das ewige Leben, d. h. im ursprünglichen heidnischen Sinne die Erneuerung, Verjüngung und damit auch die Gesundheit, das Heil – d. h. die unversehrte Ganzheit – zu haben. Die sakrale Bedeutung des Apfelessens und seine Verwurzelung im germanisch-heidnischen Kult ist aus der deutschen Volksüberlieferung klar erkennbar. Weihnachten, Ostern (oder Karfreitag) oder Pfingsten wird morgens nüchtern ein Apfel gegessen damit man das ganze Jahr vor Krankheit bewahrt bleibt.

Alle verschiedene Bäume stehen in ihrer Symbolik in der Tradition des quabbalistischen Lebensbaums mit seinen brennende Kerzen, die die Lichter der Sephiroths oder die Götter darstellen. Selbst in den Göttertempeln befanden sich Kultleuchter und bei allen großen indogermanischen Völkern finden wir einen ausgeprägten Baumkult.

Ohne Beleg wird berichtet, dass in China...: „Man weiß, dass schon im Jahre 247 v. Chr. ein Baum mit hundert Lampen und Blumen an den Stufen des Audienzsaales in Peking aufgestellt wurde. Prinz Yeng, der um 715 v. Chr. lebte, hat einen Baum mit hundert Lampen auf einem hohen Berg aufstellen lassen, von wo er weithin sichtbar war und das Licht der Sonne und des Mondes übertraf."

Nach altindoarischen Texten steht im Himmel der Aschwatha-Baum, der „Sitz der Götter". Hier ist auch ein Brunnen, aus dem soma, madhu und amrta entströmen. Der Soma ist der altindoarische Kulttrank. Der indoarische Weltbaum wird in der älteren Überlieferung als Feigenbaum bezeichnet.

Im mittelalterlich arischen Indien begegnet die Anschauung, dass der Weltbaum auf dem Weltberg, dem goldenen Berg Meru, steht. Er wird hier als sambu-Baum bestimmt, d. i. ein Obstbaum.

Der Weltbaum der Perser steht mitten im Himmelssee. Er enthält die Samen aller Pflanzen und heißt haoma. Er ist der weiße haoma, von dem der indische haoma abstammt. In späteren Quellen heißt es von ihm, dass aus ihm der Unsterblichkeitstrank bereitet wird. Man nennt ihn auch den allheilenden, gutheilenden.

Bei Wikipedia findet man dazu folgendes, was ich sinnvoll zusammengefasst habe:

Der Weltenbaum

Der Baum des Lebens, auch Lebensbaum oder Weltenbaum, ist ein in der Religionsgeschichte verbreitetes Symbol und Mythenmotiv, das mit mythologisch-religiösen Umdeutungen von Baumkulten (heilige Bäume) und Fruchtbarkeitssymbolik sowie mit Schöpfungsmythos und Genealogie zusammenhängt. Der Lebensbaum gehört zur Mythologie aller Völker und ist ein altes Symbol der kosmischen Ordnung. Er steht als Weltachse im Zentrum der Welt. Seine Wurzeln reichen tief in die Erde und seine Wipfel berühren oder tragen den Himmel. Somit verbindet er die drei Ebenen Himmel (Mentale), Erde (Astrale) und Unterwelt (das Irdische).

Unterschiedlich war jedoch die Vorstellung, wie viele Ebenen beziehungsweise Welten es gibt. Von drei (Himmel, Erde, Unterwelt) bis hin zu beispielsweise neun Welten (Germanen), welche wiederum die Sephirots darstellen. Manche Völker stellten sich auch vor, dass seine Spitze bis zum Polarstern reicht. In verschiedenen Kulturen wurden unterschiedliche Baumarten mit dem Weltenbaum verbunden, zum Beispiel die Birke, Eiche, Eibe oder Esche.

In der Regel bevölkern mythische Tiere den Weltenbaum. Bei indogermanischen Völkern sitzt häufig ein Adler in der Krone und eine Schlange befindet sich unten am Baum. In der indischen, germanischen und slawischen Mythologie herrscht Streit zwischen diesen beiden Tieren. Im minoischen Kulturkreis ist es hingegen der Himmelsstier, der in stoisch kreisendem Lauf die Weltenachse dreht.

In den meisten alten Kulturen und Religionen wurden Bäume oder Haine als Sitz der Götter oder anderer übernatürlicher Wesen verehrt. So spielt der Baum in der Mythologie auch als Lebensbaum (zum Beispiel die Sykomore bei den Ägyptern oder der Baum des Lebens in der jüdischen Mythologie), als Baum der Unsterblichkeit (der Pfirsichbaum in China) oder als Symbol des Erwachens im Buddhismus der Bodhibaum eine Rolle. In der babylonischen Mythologie erstreckt Xixum seine Zweige bis in den Himmel, während seine Wurzeln tief in der Unterwelt sind. Sein Stamm symbolisiert die Verbindung der Sphären.

In einem vom alten Mesopotamien bis Indien grundlegenden Mythos reicht der Weltenbaum auf dem Gipfel des Weltenbergs, in Indien Meru genannt, vertikal von der Unterwelt bis in den Himmel, wo die Götter wohnen, und wohin die Vögel fliegen, die in den Wipfeln des Baumes sitzen. Zugleich symbolisiert dieser Baum das Zentrum der vier den Tattwas unterstehenden Weltgegenden in einem kosmogonischen Modell, gelegentlich durch vier kleinere Bäume in den vier Weltgegenden ergänzt. Der Baum mit Vögeln ist auch ein Fruchtbarkeitssymbol und steht für die periodische Erneuerung des Lebens, abgebildet bereits auf bronzezeitlichen Siegeln und Amuletten von Tilla Tepe im heutigen Afghanistan ab Mitte des 3. Jahrtausends v. Chr. Mit demselben Motiv von Vögeln in der Baumkrone wurden in dieser Nekropole auch goldene Königskronen aus den ersten Jahrhunderten v. Chr. gefunden.

Im klassischen Schamanismus spielt der Weltenbaum eine große Rolle. Zum einen ist er das Zentrum der Welt, zum anderen führt der Weg zu ihm zurück bis an den Beginn der Schöpfung. Damit verbindet er die reale Welt mit der vormaligen Welt im Urzustand, die noch nicht vom Himmel getrennt war. Über den Weltenbaum kann der Schamane mit dem Schöpfungszentrum Verbindung aufnehmen und einen Flug in die Reiche der Geister und Götter der einzelnen sieben Sphären antreten. Zuweilen wird diese Verbindung zwischen den Welten auch durch einen Fluss gekennzeichnet. Dann gelangt der Schamane bei seiner Astralreise in einem Boot über diesen Fluss in die Geisterwelt. Der Weltenbaum dient auch als Ruhestätte verstorbener Schamanen, von der aus die Seele den Körper verlässt, um in das Reich der Geister zu gelangen.

Vorkommen bei Völkern

– Altes Ägypten: Isched-Baum

- Babylonier, Sumerer: Heiliger Baum von Eridu
- Germanen: Yggdrasil (Esche), daneben noch die Irminsul
- Griechen: Baum der Hesperiden
- Hebräer: Lebensbaum (Kabbala) (Etz Chaijm)
- Inder: Asvattha-Baum
- Islam: Tubā (Baum im himmlischen Paradies)
- Letten: Austras koks (Eiche)
- Maya: Wacah Chan (Weltenbaum) und Yax Cheel Cab (Erster Baum der Welt)
- Perser: Simurgh-Baum (Mutter aller Bäume)
- Turkvölker: Bajterek

Als Symbol:

- Universales mythologisches Symbol der Weltachse (axis mundi): Weltenbaum
- Biblisches Motiv
- Im Buch Mormon

In Märchen:

In Grimms Märchen als Baum mit goldenen Äpfeln, wobei teilweise auch explizit vom Baum des Lebens die Rede ist, wie z. B. in
- Die weiße Schlange
- Aschenputtel
- Frau Holle
- Der Teufel mit den drei goldenen Haaren
- Das Mädchen ohne Hände
- Vom Machandelbaum
- Schneewittchen
- Der goldene Vogel
- De Spielhansl
- Das singende springende Löweneckerchen
- De drei Vügelken
- Der Königssohn, der sich vor nichts fürchtete
- Der Teufel und seine Großmutter

142

–   Einäuglein, Zweiäuglein und Dreiäuglein

Anmerkung:

Ich habe mich immer gefragt, woher die verschiedenen Stellungen der einzelnen Runen oder aber auch die Asanas im Hatha-Yoga stammen. Nach welchen Prinzip sind sie entstanden? Nach langem Nachdenken bekam ich die Antwort: Sie gründen sich an den verschiedenen Ausrichtungen der Pfade und Sephiroths im Lebensbaum. Wenn man diese miteinander verbindet, bekommt man alle relevanten magischen Stellungen. Wir werden in einem Aufsatz von Werner von Bülow noch näher eingehen.

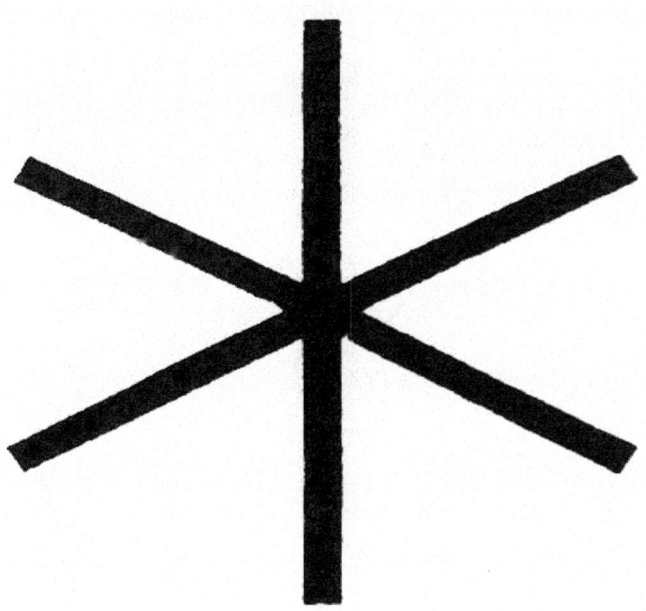

Die Hagal-Rune entspricht dem jüdischen Lebensbaum

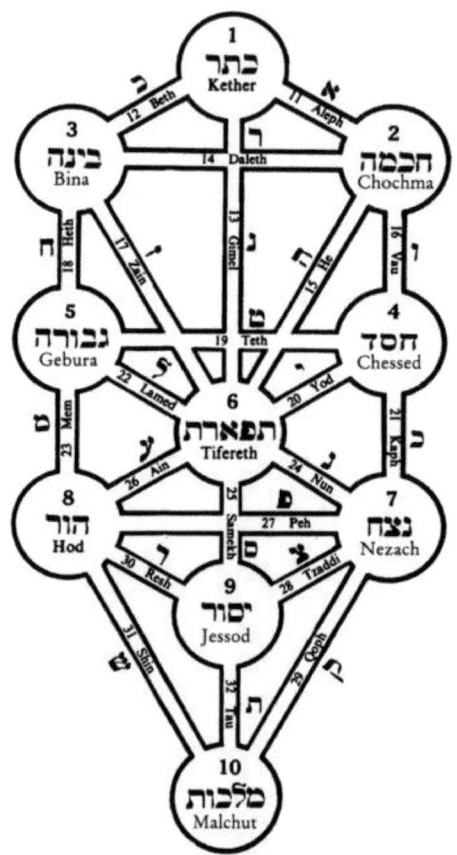

Der quabbalistische Lebensbaum

Bilder aus dem Buch „Lichterbaum" entnommen:

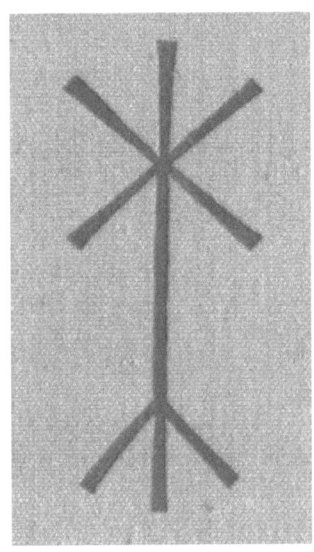

Kinder in Runenstellung kniend vor Yggdrasil

147

10. Vril, die Runen der Planeten
Hohenstätten

Dass die Atlanter damit gearbeitet haben, wurde schon an verschiedenen Stellen beschrieben und auch von mehreren Autoren bestätigt. Denn Vril ist die Kraft in einem Kornfeld, welche die Halme wachsen lässt, sie ist die den Planeten unterstehende Pflanzenkraft, die Kraft, welche die Menschheit der Zukunft wieder besitzen wird und gleicht der Kraft der Kohle oder des Erdöls, welches alles in Betrieb hält. Vril ist der Gegenstand in dem Roman des wahren Rosenkreuzer Buwler-Lytton „The coming race" und auch in „Zanoni" wird darauf hingewiesen. Später sprachen auch die Adyar-Theosophen von dieser Kraft, ohne allerdings auf den fabelhaften Roman des Engländers zu verweisen. Alle behaupteten, dass diese Geschichte nur zur Unterhaltung dienen soll, weil er im Stile von Jules Verne oder Hans Dominikus geschrieben wurde.

Jedoch, und das ist das merkwürdige, wurde in Deutschland eine Vril-Loge, eine Vril-Gesellschaft von Karl Haushofer in den 20ern des vorherigen Jahrhunderts gegründet. Die Grundlage dieser Loge war Buwler-Lyttons Roman, in dem Menschen beschrieben werden, deren geistiges und seelisches Leben wesentlich höher entwickelt ist als das unseres. Die Gruppe hat in engen Kontakt zur Thule-Orden gestanden, da dieser Orden sich mit der Runenmagie beschäftigt. Auch mit dem Golden Dawn soll er in Verbindung gestanden haben.

Der Thule-Orden hatte sein Wissen zum Teil vom Planeten Venus, wo die Menschheit so hoch entwickelt ist, dass sie in der Lage ist, mithilfe der Ströme jegliche Energie herzustellen, um sie für alles zu nützen. Das Wissen und die Praxis wird ihnen und den Templern von die negativen Wesen der Venus vermittelt, mit welchen sie in Kontakt stehen. Dieser Planet ist deshalb so weit entwickelt, weil er der Gottheit Loki untersteht, die die Evolution vorantreibt und auf sexuelle Reinheit peinlichst achtet!

11. Die Links- und Rechtsdrehung des Hakenkreuzes.
Rudolf Richter.

I. Die Drehrichtung.

Der Wasserstrahl, der ein Schaufelrad trifft, treibt das Rad in Richtung des Strahles an. Die löffelförmigen Schaufeln ermöglichen eine volle Ausnützung des Wasserdrucks. Sie sind beim Peltonrad im Schnitt halbkreisförmig, die Wölbung ist in der Laufrichtung. Das wohl jedem bekannte Segnersche Wasserrädchen, das in wirbelndem Lauf die Rasenflächen besprengt, wird durch die Rückstoßwirkung des Wassers angetrieben. Es sind also die rechtwinkligen Rohrabbiegungen gegen die Laufrichtung gerichtet. Es ist, sofern es vier Äste hat, ein in waagrechter Lage laufendes Hakenkreuz, Nach demselben Prinzip, angetrieben durch des Feuers Kraft, erfreut das lustig wirbelnde Feuerrädchen mit seinen vier Schweifen Jung und Alt. (Fig. 1.) Bewegung ist Leben, Stillstand ist Tod. Das Feuer als Antrieb ist wohl ein Sinnbild der feuerzeugenden Gottheit, die Leben und Bewegung schafft. Das Vorbild dieser pyrotechnischen Feuerräder sind die mit Stroh umwundenen Räder, die man anlässlich des Sonnenhöchststandes anzündete und ins Tal hinabrollen ließ. Der Quirl, aus dem kreisenden Feuerradprinzip entstanden, ist die zeichnerische Wiedergabe des sich drehenden vierspeichigen Rades. (Fig. 2)

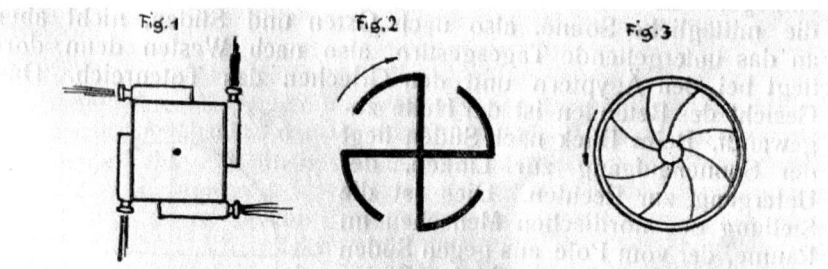

Die Richtung der 4 Flügel ist entsprechend dem Drehprinzip gegen die Drehrichtung abgebogen. So geben die halbkreisförmig gebogenen Speichen von Treib- und Schwungrädern, wie sie besonders gerne bei landwirtschaftlichen Maschinen benützt werden, die Drehrichtung des

Rades an, die immer in Richtung der Bögen geht (Fig. 3.) und so dreht sich auch der Dreischneuß, den wir im Maßwerk gotischer Dome häufig finden. Übertragen wir diese Erkenntnis auf das Hakenkreuz, so sehen wir, dass die Drehrichtung des Hakenkreuzes entgegengesetzt zu den abgebogenen Winkelstücken läuft. (Fig. 5 u. 6.) Wir erkennen dies auch an dem aus vier „Füßen" gebildeten Gnostikerkreuz, das im Englischen unter der Bezeichnung „Fylloot" bekannt ist. Die Beine stoßen sich vom Boden ab und das Kreuz bewegt sich entgegengesetzt der Richtung des Unterschenkels. (Fig. 4.)

Damit trete ich der Meinung entgegen, die man heute immer wieder antrifft, als ob das Hakenkreuz sich in Richtung der abgebogenen Winkelstücke drehe! Ich glaube, dass meine obigen Darlegungen den Beweis der Richtigkeit meiner Auffassung erbringen.

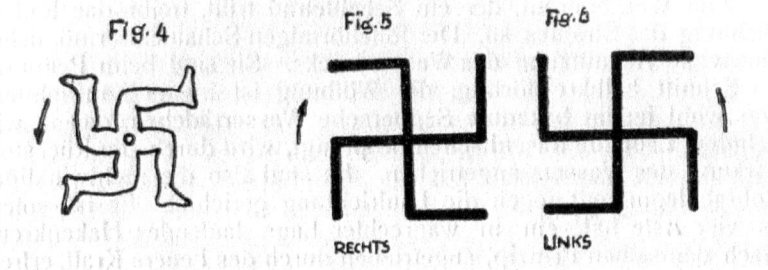

II. Die Stellung des Menschen im Kosmos.

Der Mensch tritt die Erde mit Füßen, sein Haupt erhebt sich gen Himmel. Durch ihn wird das Oben von dem Unten geschieden. So schafft sich die Seele ihren Erlebnisraum, in welchem das Gute und Böse sinngemäß eingeordnet ist.

„Das Auge hat sein Dasein dem Lichte zu danken" (Goethe), es ist der Sonne zugewandt, und so blickt der Mensch der Sonne entgegen. Er richtet seine Gebete an die aufgehende oder an die mittägliche Sonne, also nach Osten und Süden, nicht aber an das untergehende Tagesgestirn, also nach Westen denn dort liegt bei den Ägyptern und den Griechen das Totenreich. Das Gesicht des Betenden ist der Helle zugewandt. Beim Blick nach Süden liegt der Sonnenaufgang zur Linken, der Untergang zur Rechten. Dies ist die Stellung des nordischen Menschen im Raume, der vom Pole aus gegen Süden blickt, ihm liegt Osten zur Linken, Süden vorne und oben, Westen

151

zur Rechten und Norden hinten und unten. Damit haben wir die Windrose des Horoskopschemas erhalten. (Fig. 7.)

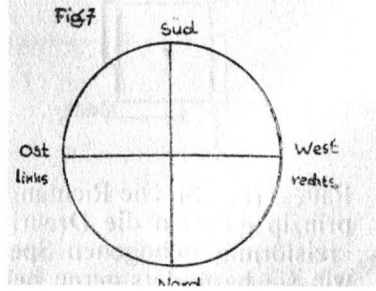

Unsere Auflassung bestätigt Oskar Weise in seiner Sprachgeschichte (Frommannsche Buchhandlung Jena 1925), der mitteilt, dass die alten Indogermanen wahrscheinlich beim Gebet nach Süden geblickt haben, daher die Gegend des Sonnenaufgangs zur Linken hatten. Auf Darstellungen des Mithrasdienstes finden wir die aufsteigende zur Linken, die absteigende Sonne zur Rechten des Beschauers.

Klar und deutlich finden wir dieselbe Stellung des Menschen in dem weisheitsvollen Buche „I Ging" der Chinesen aus dem 2. Jahrtausend v. Chr. In der chinesischen Ordnung liegt der Süden oben, Osten zur Linken und der Kommentar sagt, „dass die heiligen Weisen mit dem Gesicht nach Süden gewandt waren, wenn sie den Sinn des Weltreichs anhörten, hat die Bedeutung, dass sie sich dem Hellen zuwandten bei ihrem Walten" (übersetzt von R. Wilhelm: I Ging, das Buch der Wandlungen, Diedrichs Verlag Jena 1924). Es ist möglich, dass hier altarisches Kulturgut vorliegt, doch möge diese Frage hier unerörtert bleiben.

Jedenfalls bewegt sich die Sonne bei dieser natürlichen Stellung des Menschen in ihrem Tageslauf von Osten = links über Süden = oben nach Westen = rechts und über Norden = unten zurück zum Aufgangspunkt. Diese Drehung geht nach rechts. Sie kann in eine Aufsteigende = Rechtläufige (Norden bis Süden) und in eine Absteigend = Rückläufige (Süden bis Norden) geteilt werden, wie dies die Chinesen in ihrem Zeichensystem bedeutungsvoll erwähnen. Aus dem ewigen Wechselspiel von Oben und Unten, von Lichtem und Dunklem, von Himmel und Erde als polare Kräfte leiten sie die Gesetze des Wandels ab, welche in einem besonderen System von 64 Zeichen im Buche der Wandlungen niedergelegt sind.

Die Astrologen kennen die auf- und absteigenden Quadranten im Horoskop, die einer offenbarenden und einer verinnerlichenden Tendenz entsprechen.

III. Rechts- und Linksdrehung.

Die rechtläufige Bewegung entspricht dem Tageslauf der Sonne von Osten über Süden nach Westen, es ist die Bewegung von links aufsteigend nach rechts. Der Lauf der Sonne durch den Tierkreis, der den jahreszeitlichen Wechsel bedingt, ist auf dieselbe räumliche Stellung des Menschen bezogen von rechts nach links, also linksläufig. Dies ist der kosmische Ablauf. Diesem entgegengesetzt wandert der Frühlingspunkt (Ablauf des platonischen Jahres) wiederum in Richtung des Uhrzeigers, also der täglichen Sonnenbewegung analog. Diese beiden Bewegungsrichtungen haben ihre besondere Bedeutung. Ich möchte noch erwähnen, dass der Abendländer von links nach rechts schreibt, vom Aszendenten zum Deszendenten, vom Ich zum Du. Die weite Schrift strebt mit Eifer dem Du zu. Aber auch die Rechts- und Linksläufigkeit weiß die Wissenschaft der Ausdruckskunde (Graphologie) zu deuten. Jene Schwünge und Bögen, die von links nach rechts gerichtet sind, zeigen ganz allgemein Tätigkeitsdrang an, sind ein Zeichen, je nach Schreibweise, von mitfühlendem Aussichheraustreten, des Wohlwollens, der Betriebsamkeit oder gar der Eilfertigkeit. Bei der Linksläufigkeit geht die Bewegung zurück von rechts nach links und deutet auf das Vorwalten des Aneignungstriebes im tatkräftigen wie im selbstsüchtigen Sinne oder ist die Ausdrucksbewegung der Innerlichkeit, der Introversion.

Der Rechtslauf ist die richtige Bewegung, da rechts soviel wie richtig ist. Es ist die Bewegung des Rechts, der „re" = ägyptisch: Sonne, rex = lateinisch: König, roi frz: König, des „ra" oder „ar" – Sonne oder Adlers (Aar) bei den Ariern. Der Adler als Königssymbol ist uns bekannt. Als die Sachsen bei Scheidungen einen großen Sieg errungen hatten, errichteten sie dem Tuis Irmino eine mit dem Symbol des Adlers geschmückte Siegessäule, die gegen die aufgehende Sonne blickte. Im Ägyptischen heißt „reharachte" der Sonnenfalke. So ist der Rechtslauf die Bewegung des sieghaften, aufsteigenden Sonnenkönigs, das „Theonium" der Sonne. Die linksläufige Bewegung ist der Abstieg, das „Dämonium" der Sonne, ihr entsprechen die absteigenden Quadranten der dunklen Jahreshälfte. Links gehört zu demselben Stamm wie das lateinische languere – schlaff, ermattet. Dieses drückt einen Mangel an Tätigkeit aus und entspricht der Kraftabnahme der untergehenden Sonne. Dem Herabsteigen der Sonne entspricht die Geburt des Geistes in der Materie, also Materialisierung, Stoffverdichtung, Involution. Dem Sonnenaufstieg entspricht die Entmaterialisierung des Geistes, die Befreiung, die Himmelfahrt.

VI. Das links- und rechtsgedrehte Hakenkreuz.

Das Hakenkreuz kommt bei allen Kulturvölker in beiden Drehrichtungen vor. Sein Ursprung ist arisch. Gewöhnlich wird es in der Linksdrehung (Flügel nach rechts) gefunden und entspricht hier der Verstofflichung des Geistes. In seiner Bewegungsrichtung ist es gegen die Erde gerichtet, wenn man vom Ostpunkt ausgeht.

In rechsgedrehtem Sinne finden wir es besonders auf altattischen Grabvasen des Dipylonstiles. Eine solche Vase trägt die Abbildung eines Leichenzuges. Über dem Leichenwagen, auf dem der Tote aufgebahrt liegt, ist das Hakenkreuz in rechtsgedrehtem Sinne (Flügel nach links) dreimal angebracht. Es kann hier nur als ein Symbol der Auferstehung gedeutet werden. Noch klarer tritt uns diese Bedeutung des rechtsgedrehten Hakenkreuzes auf einer Grabverschlussplatte in den Katakomben entgegen, die die Inschrift trägt: Leoni in pace (Leoni in Frieden.) Daneben befindet sich eine Darstellung der Verstorbenen mit der Segens- und Auferstehungsgebärde (Hände nach oben) und das rechtsgedrehte Hakenkreuz. Abbildung in „Die Katakomben" herausgegeben von Emil Bock und Robert Goebel, Christgemeinschaft, Stuttgart 1930 Tafel 16.

Der Entwicklungsgang der Menschheit lässt sich durch ein Parabel mit den beiden auf- und absteigenden Ästen versinnbildlichen. Der Scheitelpunkt und damit die „Wende der Zeit" entspricht der Gegenwart (Fig. 8). Der absteigende Ast, die Involution, Verstofflichung des Geistes ist der Ausdruck des linksgedrehten Hakenkreuzes.

Die Geistbefruchtung des Stoffes ist das Heil (svaha), das der Materie widerfährt. Svaha ist der altvedische Opferruf, der im Opfer das Bündnis Gott (Geist)-Mensch erneuert und die Einheit schafft. Das Heilszeichen Svastika (Hakenkreuz) wird zum Symbol der ewig wiederkehrenden Verwirklichung Gottes in der Welt der Erscheinung. Das buddhistische Hakenkreuz ist rechtsgedreht, es ist das „Rad der Geburten", aber weist durch seine Rechtsdrehung auf den Aufstieg hin, auf den rechten Weg, der aus der Kausalität herausführt.

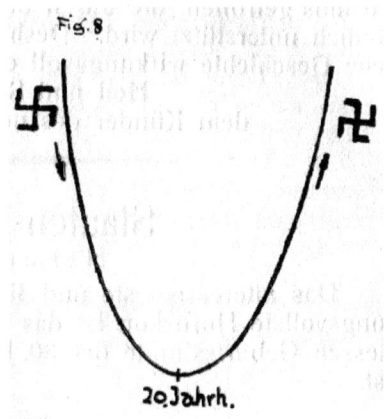

In der abendländischen Entwicklung hat jedoch die Materie den Sieg über den Geist davongetragen. Die materialistischen Systeme legen ein Zeugnis dieses Werdeganges ab. Wir sind nunmehr am Scheitelpunkt dieser Epoche angelangt. Durch die Selbstbesinnung der Nation kündet sich der Wendepunkt an. Deutschland, eingegliedert zwischen den ideellen Osten und den materiellen Westen, ist das wahre Land der Mitte, der Verwirklichung, das zum Befruchter und Keimträger einer neuen Kultur werden kann, die nur aus dem arischen Geiste gezeugt wird. So ruft uns Deutschen Fichte zu: „Gehet ihr in dieser eurer Wesenheit zugrunde, so gehet mit euch zugleich alle Hoffnung des gesamten Menschengeschlechts auf Rettung aus der Tiefe seiner Übel zugrunde . . . es ist daher kein Ausweg: wenn ihr versinkt, so versinkt die ganze Menschheit mit, ohne Hoffnung einer einstigen Wiederherstellung".
Gegenwärtig erleben wir stärker als je und vollkommen klar und bewusst den Geburtsakt eines neuen Geistes, des arischen Geistes innerhalb unserer Realität. Sein Zeichen ist das Hakenkreuz, das in seinem linksgedrehten Sinne auf eine neue Offenbarung hindeutet, die die Befreiung aus der Knechtschaft der Materie bringen und den deutschen Geist zur kulturschöpferischen Tat befähigen wird. Damit wenden wir uns dem aufsteigenden Aste der Parabel zu!

Fichte, der 1807/1808 die deutsche Nation aufgerufen hat, brachte seine feurige Geburtskonstellation zur Wirkung. Durch Uranus im Widder, dem Führerzeichen Deutschlands, bei ihm noch durch Saturn und Jupiter stark besetzt, wurde er zum Wecker deutschen Wesens, welches durch Franz Bardon vollbracht wurde!

12. Sprüche, schön und wunderbar
Dr. Käubler

Sieh in diesem Urgedichte
Alles Dasein bunte Pracht!
Du tauchst in der Sage Schlacht,
In die Minen der Geschichte
Und in des Gedanken Nacht.

Die unerschöpfliche Od-Rune ist nur ein Beispiel für den Wunderbau unserer Sprache, der auf den Eddarunen gegründet ist.

Od – Urwort. Bedeutet in der Seelenlehre (Mystik) und im Spiritismus den Weltäther, das fließende, flutende schwingende Weltenmeer der Geist- und Willenskräfte. Eine Ode ist ein Seelenvolles Gedicht. Name: Odo (Otto).

Odem (Atem), od-man, d. i. Geistman, lebendiger, atmender Mensch.

Odin, od in. Geist innen (innerlich). Nordische Form für Wodan. Der Geist, die Seele, das Leben, das in dem großen Wunderbaum der Weltesche wirkt. Der Geist des Allgewissens, das hegenden Alls.

Odan (Wodan), od an. Der eine, der einzige Geist. Das Weltgewissen als Einheit. Das umfassende, unendliche All. Das All im Einen, das Eine im All.

Othar – od ar. Geistesadler, Lichtgeist, erleuchtender Geist. Unter diesem Namen tritt oft Odin in der Edda auf. Odin, der sich schlagenhaft Verwandelnde, der immer wiedergeboren wird. Odin, des Menschen und Gottes Sohn.

Otter (Adder), od ar. Geistadler. Die mit großer Klugheit begabte Schlange.

Othmar – od-man-ar. Geist Mann Adler. Lebendiger, sieghafter Menschengeist. Das m in man genügt schon, um den Menschen zu bezeichen. Vgl. oben unter Odem od man. Die Silbe mar bedeutet spater: berühmt. Vgl. Mär, Märchen. Namen: Dietmar, Waldemar, Almar, Alomar.

Tod – tar od. Getarntes Leben, verborgenes Leben. Eigentlich getarnter Adler Geist. Das genügt schon, um das Verborgene zu bezeichnen.

Gott – g od. Guter Od, guter Geist, Weltengeist. Davonkommt das Wort gut d. i. lebensfördernd. Namen: Goten, Gauten, Godelinda, Godegisel, Gotthard, Götz. Auch Götze (Abgott) und Gabe.

Brot – bar od. Erzeugnisse (gebäre) leben. Bereite Geist oder geistbereitet. Das Brot ist vom Menschengeist erfunden und dient der Lebenserhaltung. Lässt mehrere vernünftige Oentungen zu

Manod (Mand, Mond, Monat) – bedeutet Leben des Mannes, des wandelbaren Mannes am Himmel, des Mondes. In der Silbe od wird hier noch besonders die Zeit ausgedrückt, die der Mond in seinen Verwandlungen braucht. Vollmond, Neumond, zunehmend, abnehmend. Wochentag: Montag.

Odebar (Adebar) – od bar. Der Wodansvogel, der die Seelen bringt. Geistgebärer. Storch.

Rod (Rad) – rod. Sonnenrad. Schreibender, leuchtender, ritzender Geist. Geist des Rechte, des Gerichts, der Beratung, des Rates. Auch das Rad am Wagen, das seinen Weg beschreibt, seine Gleise zieht. In erster Linie aber der scheinbare Umschwung der Sonne. Der rollende Od (Zeit). Bedeutung der Erfindung des Scheibenrades für die Naturvölker! Die sogenannte Steinzeit (Steinkultur) sollte besser Holzkultur heißen. Das Rad bedeutet für jene Holzzeiten so viel wie für uns Schiffsschraube, Propeller, einschließlich Motor. Von Rod auch Ritus, Rito. (Gebräuche, Zeremonien). Das Rad ist das Zeichen des Rechts. Der Verbrecher wird aufs Rad. geflochten. Er zerbricht am Recht, denn er hat das Recht gebrochen. Das Recht bestand damals noch nicht aus Paragraphen. Es herrschte eine Naturmoral. Das Zeichen war das Sonnenrad. Vgl. roden, rotten, raten, Rodehacke.

rot (Farbe) – r od. Schreibender Geist. Rollender Od. Wie Rat. Rod ist die Farbe des Rechts und des Blutes, wie auch der Sonne. Es spielen hier dunkle Vorstellungen herein von dem Blut als Schreibmaterial (Faust: Vertrag mit dem Teufel). Die Blutgerichtsbarkeit ist die höchste. Der rote Handschuh bedeutet: Blutgerichtsbarkeit, Gericht über Leben und Tod.

Not – n od. Die Vernichterin, Feindin des Geistes, Verneinung des Geistes. Es ist die Norne, Das Naturschicksal. Die Norne ist zugleich die Herrin der Zeit (Wurd, Werdand, Skud; das Gewordene, Werdende und Sollende: Vergangenheit, Gegenwart und Zukunft) Die Notrune verursacht die Götterdämmerung. Die Zeit ist stärker als jeder Geist, denn der unsterbliche Od kann sich nur durch ewige Verwandlungen lebendig erhalten. Er wird geboren; der Geist vereinigt sich mit der Materie, dem Ur. Er wächst, er dämmert, er vergeht, vergeht aber nur scheinbar. Die Not ist wie Eis. Das Schicksal ist unerbitterlich. Aber: ar sig tar; der Aar besiegt das Getarnte. Der Od, der ewige Wanderer taucht immer wieder auf.

Allod – al od. Ganzbesitz, unbedingtes Eigentum, im Gegensatz zum Almende, dem Allermannsland, Gemeindeland, Allod ist die Umkehrung von Odal, Othil, ede, Adel. Hier tritt eine neue Bedeutung von Od auf: Besitz. Dieses Wort und folgende wird zu unrecht aus dem spätlateinischen abgeleitet. Die Fachgrammatiker kommen hier nicht weiter bei der Frage nach dem Woher. Sie müssten das Keltische, Gälisch, Sorbische, Finnische zu Hilfe nehmen, um falsche Worterklärungen zu geben. Wörter hat man als geliehene oder Lehnwörter erklärt, die einzig und allein in den runen des Nordens ihren Ursprung haben, die erst durch diese Runen in die Sprachen der Weltvölker eingingen.

Feudal – fa e od. Schaff dauernden Besitz. Viehbesitz. Feudalsystem (Lehnwesen, Rittertum). Der Grund und Boden wurde von den Adeligen verliehen, zu Lehen gegeben. Die Bauern (Dienstleute der Ritter) hatten also kein anderes Eigentum als das Vieh. Nord. Fe heißt Vieh = Fa heißt: schaff, zeuge, mach, sei tätig, arbeite, tu. Heute wie vor 1000 Jahren.

*

Wir sehen, dass mit diesen einfachen Zeichen jedwedes Ding in der weiten Natur einen bestimmten Sinn erhält, einen edlen Sinn. Der Sinn ist erhalten in den Runen. Die Runen raunen wieder. Sie überleben Jahrtausende. Sprachwandlungen gingen und gingen. Die Runen leben. Die Fachgrammatiker toben. Osruna lebt. Trotz Heidenverfolgung, Kulturschande, trotz Ketzergerichten, Jesuitismus, Heuchelei, Freimaurerei, Dollarwahnsinn. Ich erinnere immer wieder an die Tat des Sachsenschlächters Karl in Verden a. Aller. Wir sehen heute klar, dass der Geist des Nordens der Geist der Überzeugung ist. So wahr, wie der Geist nie getötet wird, so wahr wie ein Weltgewissen den Lauf der Geschichte bestimmt, so wahr wird der Gute Od(in) triumphieren über alle Widersacher; ob sie gleich mit vergifteten Waffen kämpfen. Sie mögen Triumphe über Triumphe feiern. Das runische Wörterbuch der Zukunft ist im Entstehen. Die Osrunen, die Odrunen, die Wodansrunen sind entziffert im Fa Ur der Edda. Es sind die Geistrunen der Nordrasse. Keine blöden Zaubersprüche, aber Zeichen mit Zaubermacht. Die Geistrunen sind lebendige Tat, sind die Zeichen des Heils. Die Erlösung der Menschheit!

13. Die Herkunft der Runenschrift
Vom Ariosophen Gustav Neckel

Dänemark, das klassische Land der Volksliederforschung dank dem bahn-brechenden Vorgange Svend Grundtvigs, ist auch die Wiege der wissenschaftlichen Runologie gewesen, deren Begründung durch Ole Worm geschah, unter anderem durch sein Werk „Runir seu Daniea litteratura antiquissima" 1636. Hier wurden zum ersten Mal die Runen mit den lateinischen und griechischen Buchstaben verglichen und ihre Verwandtschaft mit diesen im einzelnen nachgewiesen. Aber Worm lag es noch fern, die Verwandtschaft so zu deuten, wie es später, im Jahrhundert der sogenannten Aufklärung, üblich geworden ist, nämlich durch Entlehnung. Er zweifelte nicht daran, dass sie Urverwandtschaft sei: denn im Einklang mit den Anschauungen seiner Zeit über den Ursprung der Sprachen und des Menschengeschlechts nahm er bekanntlich an, wie die Völker und ihre Idiome, so stammten auch die Schriftzeichen aus den Quellen, welche die Heilige Schrift uns an die Hand gebe: die Runen seien ebenso wie die klassischen Alphabete aus dem hebräischen entstanden.

Worms Leistung, von den Zeitgenossen als die Großtat gewürdigt, die sie war, ist wie anderes Bedeutende, was das XVII. Jahrhundert geschaffen hat, später einer unverdienten Vergessenheit anheimgefallen, nicht bloß der Grundgedanke seiner vergleichenden Schriftanalyse, auch seine „Monumenta Danica", die – um eine lebende, verdiente Runologin zu zitieren – die Flügel zur Schatzkammer des heimischen Altertums weit aufschlugen und den europäischen Gelehrten Kunde vermittelten von einer bis dahin so gut wie unbekannten Kulturwelt. Erst im XIX. Jahrhundert, im Gefolge der romantischen oder germanischen Renaissance, die ja auch auf anderen Gebieten die Bestrebungen des Barockzeitalters wieder aufnahm, ist ein neues Interesse an den Runendenkmälern und Runenproblemen erwacht, und wiederum waren es dänische Forscher, die vorangingen: P. G. Thorsen 1864 und besonders Ludwig Wimmer, dessen 1908 abgeschlossenes großes Werk „De danske Runemindesmaerker" bis heute nirgend seinesgleichen hat und für immer einen Markstein der Forschung darstellen wird.

Wimmer ist es auch gewesen, der für die alte These Ole Worms einen zeitgemäßen Ersatz schuf in seiner Lehre von der Abstammung der Runen von den lateinischen Majuskeln, ein Satz, der – schon 1811 von Rühs und später von Kirchhoff und Peter Andreas Munch ausgesprochen – von ihm zum ersten Mal im Zusammenhang einer weitgreifenden alphabethistorischen Untersuchung umfassend und sorgfältig begründet wurde und bekanntlich nicht bloß sogleich eine so gut wie allgemeine Zustimmung gefunden hat, sondern dank der methodischen Folgerichtigkeit, mit der er durchgeführt war, noch heute sehr namhafte Anhänger zählt, unter ihnen als namhaftesten Professor Holger Pedersen in Kopenhagen. Pedersens Aufsatz „Runernes Oprindelse", in den Aarböger for nordisk Oldkyndighed 1923, unterzieht das Problem einer neuen, gründlichen und scharfsinnigen Untersuchung und verteidigt die Position seines Vorgängers mit einer Gewandtheit und Umsicht, die auch auf den Skeptiker Eindruck machen müssen.

Auch die Anhänger der nächstfolgenden Entlehnungsthese, der 1898 und wiederum 1913 durch Bugge und 1904 durch von Friesen begründeten Lehre von der Ausbildung der Runenschrift durch Goten auf Grund griechischer und lateinischer Buchstabenmuster, zollen ihrem dänischen Vorgänger die größte Achtung. So enthält von Friesens Darstellung im vierten Bande von Hoops' „Reallexikon der germanischen Altertumskunde" einen ausführlichen Bericht über Wimmers Buch „Die Runenschrift" bis in die Einzelheiten der von ihm vertretenen Ableitungen, offenbar, weil das Wimmersche Verfahren auch diesem abweichend gesonnenen Forscher als mustergültig erscheint.

Fragen wir uns, worauf der große Erfolg der Wimmer-Pedersenschen Doktrin beruhen mag, so ist es sicher nicht ihre unmittelbare Evidenz, die den Ausschlag gab bzw. gibt. Denn unter den lateinischen Majuskeln befinden sich nur zwei, die in gleicher Gestalt als Runen wiederkehren, nämlich I und M: I ist das einfachste aller Zeichen, und was das M betrifft, so ist seine Gleichheit mit der Rune M eine rein äußere, da diese den Lautwert „e" besitzt, während das runische m abweichende Form zeigt

Wimmer erklärte dies so, dass „m" umgebildet worden sei um nicht mit dem „e" zusammenzufallen – der eine der beiden Gesichtspunkte, mit denen er den starken Abweichungen der Runen von ihrem vermeinten Vorbild beizukommen suchte. Der andere, bekanntere ist der der

Holztechnik: der germanische Nachahmer habe, der Natur seines Materials Rechnung tragend, die waagerechte Linie gemieden und folglich die rechten Winkel durch spitze ersetzt, Und er habe zweitens alle Rundungen eckig wiedergegeben. So wurde nach dieser Theorie F zu Fa, T zu Tyr, H zu Hagal, ferner B zu Bar, D zu Thorn und R zu Rit; aus O wurde Othil, weil das Oval zum Viereck werden und es gleichzeitig von ng

sich deutlich unterscheiden musste, in dem Wimmer zwei zusammengerückte < aus C erblickte, aus denen er in anderer Weise auch X entstehen ließ – ohne die hierbei übrigbleibenden Lautdifferenzen befriedigend erklären zu können, wie er auch die Frage offen ließ, warum E gerade zu M geworden sein sollte. Trotzdem konnte wohl seine Methode den Eindruck eines genau aufgehenden Rechenexempels machen. Man konnte mit ihr ähnlich arbeiten – oder: spielen! – wie mit einem Lautgesetz, weil auch sie etwas wie gesetzmäßige Wandlungen annahm. Wen eine Einzellösung nicht befriedigte, der konnte auf der Basis des Grundgedankens von der regelmäßigen Formendifferenz eine andere suchen und finden. Nach Wimmer wäre die Rune

durch Zusammenrückung zweier

entstanden. Einfacher und einleuchtender ist es vielleicht, sich das D zunächst zu dem Rechteck umgebildet zu denken, das auf dem Speerblatt von Kowel vorliegt (□), und hieraus durch Einführung spitzer Winkel und also Ersetzung der Querlinien durch Diagonalen hervorgehen zu lassen. Aber das alles sind Hypothesen, und die Wimmersche Lehre als Ganzes ist ebenfalls nichts Besseres als eine Hypothese. So nimmt es nicht wunder, dass andere Entlehnungsthesen mit ihr in Wettbewerb getreten sind: die schon erwähnte griechisch-lateinische Bugges und v. Friesens und die nordetruskische.

Schon Erik Benzelius (1724) und nach ihm andere, unter ihnen kein geringerer als Rasmus Rask, in dessen Werk die Rede ist von der so auffallenden Gleichheit der Runen und der ältesten phönizischen-griechischen Buchstabenreihe, haben angenommen, die germanische Schrift sei aus der ältesten griechischen entstanden, und fassen wir, um alles Hypothetische auszuscheiden, nur wirkliche, augenfällige Gleichheit von Zeichen ins Auge, so empfiehlt sich diese Ansicht entschieden mehr als die Kirchhoff-Wimmer-Pedersensche. Schon das gewöhnliche griechische Alphabet stimmt zum Runenfuthark besser als das lateinische, da außer I auch X der entsprechenden Rune nicht nur äußerlich, sondern auch bedeutungsmäßig gleicht oder nahezu gleicht (runisches X bezeichnet ja einen Reibelaut). Ferner steht Ω dem runischen Othil handgreiflich näher als lateinische O: die Rune könnte einfach durch Beseitigung der Rundungen aus Ω umgebildet sein; und Delta (Δ) ist als Vorbild von der Rune Thorn annehmbarer als das gerundete D. Altgriechische Inschriften vollends (von Thera und Melos, Lokris, Lakonien usw.) zeigen häufig ein l in der spitzwinkligen Form der Rune Laf, außerdem eckige Bar, Rit, Sig, h mit schiefem Querstrich und endlich ein einstämmiges n (N), das der Rune bedeutend näher steht als die lateinische Majuskel. Auch Wimmer – auf dessen Tafeln ich mich bei diesen Angaben hauptsächlich stütze – ist auf die enge Verwandtschaft der ältesten hellenischen Schrift mit den Runen aufmerksam gewesen; er wies besonders auf das altgriechische Γ hin und sprach es aus, dass diejenigen griechischen Buchstaben, aus denen man sich – im Gegensatz zu seiner Theorie – die Runen entstanden denken könnte, der Bronzezeit angehören. Es waren also Gründe der Chronologie, die ihn abhielten, diesen Gedanken weiter zu verfolgen, dieselben Gründe, die ihn anderswo schreiben ließen: „Der Umstand, dass man in der Runenschrift ursprünglich die waagerechten und runden Linien mied, erklärt nicht nur vollständig die Abweichungen, die sich zwischen einzelnen Runenzeichen und den entsprechenden lateinischen Buchstabenformen finden, sondern zeigt zugleich, dass wir das Vorbild für die Runenschrift nicht in den älteren, kantigen lateinischen Buchstaben zu suchen brauchen, sondern dass die späteren, abgerundeten lateinischen Formen dasselbe Ergebnis liefern mussten. Diese altlateinischen eckigen Buchstaben stehen den ältesten griechischen nahe: es sind Bar, Rit, Fa, dazu Laf, (mit dem Schrägstrich von unten her) das ebenfalls stark runisch anmutet; ganz die a-Rune ist das nordetruskische Fa, und nordetruskisch finden wir auch N (n), Sig, Laf, M,

$$\bowtie, \wedge$$

und ein h mit drei schrägen Querstrichen, das sich der angelsächsischen h-Rune mit ihren zwei Querstrichen unmittelbar an die Seite stellt. Auch die erstaunliche Ähnlichkeit dieser nordetruskisch-keltischen Schrift mit der ältesten Runenschrift hat Wimmer erkannt und sich, wie er gesteht, versucht gefühlt, in ihr das tatsächliche Vorbild dieser zu erblicken, ein Gedanke den Carl Marstrander und – ihm folgend – Magnus Hammerstrom in Halsingfors mit großem Aufwand von Scharfsinn und Kombinationsgabe durchzuführen gesucht haben – schroff abgelehnt durch Otto von Friesen. In der Tat ist schwer einzusehen, warum gerade das sogenannte nordetruskische Alphabet mehr Anspruch darauf haben sollte, dem Runenfuthark zugrunde zu liegen, als etwa die älteste hellenische Schrift. Gewiss weist sie eine größere Anzahl übereinstimmender Formen auf als diese

(nämlich auch ⋒, ⟨ und ⋈)

Aber einmal sind die Lautwerte nicht in allen Fällen sicher bekannt; zum andern lässt sich die Annahme, dieses Alphabet sei das Vorbild, ebenso wenig durchführen wie die entsprechende in Bezug auf eins der andern südlichen Alphabete. Immer bleiben Runen übrig, die nur mehr oder weniger künstlich oder gewaltsam sich aus der angenommenen Quelle herleiten lassen, und immer liegt es so, dass ein anderes Alphabet zu gewissen Runen nähere Gegenstücke aufweist als jenes. Wie z. B. die griechischen Ω, Δ und X annehmbarere Vorbilder für Othil, Thorn und X sind als lateinische O, D und vollends als das verdoppelte lateinische C so würde man an nordetruskische <, n und

als Muster für die ihnen gleichenden Runen eher glauben können als an lateinisch C, U und vollends an das verdoppelte oder diagonal umgebildete D. Zugestandenermaßen sind die Gläubigen einer griechischen oder einer nordetruskisch-keltischen Quelle ebenso gezwungen, das Lateinische als Nebenquelle in Anspruch zu nehmen. So, wie gesagt, Bugge und von Friesen, und Marstrander rechnet mit einem latinisierten Keltenalphabet. Wie jene die wichtigen nordetruskischen, so vernachlässigte er die bedeutsamen griechischen Affinitäten der iberischen, karischen und zyprischen, die Flinders Petrie beigebracht hat, zu geschweigen. So sehen wir die ganze mit Entlehnung arbeitende Runenforschung in Schwierigkeiten verstrickt, die auf dem Boden der Entlehnungstheorien, so wie diese bisher in die Erscheinung getreten sind, unlösbar scheinen. Natürlich können die Runen aus dem Süden entlehnt sein; denn der Schöpfer der Ur-Futharks kann eklektisch verfahren sein, und es kann südliche Alphabete gegeben haben, die wir nicht kennen. Mit solchen Möglichkeiten zu arbeiten, hat jedoch wenig Wert. Angesichts der Tatsachen müssen wir sagen: das Entlehntsein des Futhark ist eine sehr unwahrscheinliche Behauptung. Der verstorbene Gustaf Kossinna urteilte ebenso: auch er leugnete die Entlehnung der Runen. Seine Berührung mit einer Reihe südlicher Alphabete heischt Aufklärung auf anderem Wege. Einen doppelten Gedanken wird man gegen diese meine Folgerung ins Feld fuhren: die Runendenkmäler seien weit jünger als die Schrifturkunden des Südens und Südostens, und wenn die Entlehnung der Runen nicht beweisbar, ja an sich unwahrscheinlich sei, so müsse sie doch als unausweichliche Folgerung daraus erscheinen, dass aus den ägyptischen Hieroglyphen als Urquelle das phönizische Alphabet, aus diesem das griechische, daraus das lateinische und das nordetruskische geflossen seien und der Zusammenhang des Futhark mitvorgenannten Systemen auf der Hand liege. Es ist der Gedankengang, der schon die Urheber des

Entlehnungspostulats im XVIII. Jahrh. beherrscht haben dürfte. Dass er noch heute sehr verbreitet ist und vielen als selbstverständlich gilt, kann um so weniger wundernehmen, als er eine auf den ersten Blick einleuchtende Synthese des gesamten einschlägigen Zeichenmaterials darzustellen und somit eine umfassende Erklärung zu bieten scheint.

Während die Gelehrten früherer Jahrhunderte bekanntlich das Alter der Runeninschriften sehr hoch eingeschätzt haben, bestimmt durch den allgemeinen Eindruck des Altertums, den namentlich die Steine auf sie machten, hat sich seit dem XVIII. Jahrhundert die Waage des Bedenkens in dieser Frage mehr und mehr zugunsten der nachchristlichen Jahrhunderte gesenkt. Wimmer hielt es für ausgemacht und erklärte es für Tatsache, dass die Runenschrift erst im sogenannten älteren Eisenalter – in Engelhardts Sinne, d. h. nach 250 n. Chr. – auftrete, und dies ist bis heute die Überzeugung der meisten Archäologen und der dem Urteil dieser sich anschließenden Runenkenner. Man beruft sich dabei auf die typologische Methode, auf die mit Runeninschriften zusammen gefundenen römischen Kaisermünzen, auf die Brakteaten – und vielleicht noch auf anderes; uneingestanden, vielleicht unbewusst dürfte auch das Entlehnungsdogma als Motiv mitwirken, jenes Dogma, das im Grunde der Ausfluss ist des Vorurteils, wonach alles, was bei den heidnischen Germanen nach Kunst, Wissenschaft, Gesittung, Fortschritt oder sonst wie bedeutend aussah, notwendig Entlehnung aus dem an Fähigkeiten bevorzugten Süden sein musste, da der nordischen Menschheit die Voraussetzungen zu spontaner Kultur gefehlt hätten. Die Münzen ergeben ohne Zweifel je einen terminus a quo für diejenigen Gegenstände, bei denen sie lagen, so für den Schild-buckel von Torsberg, die Nydamer Pfeile, den Hobel, den Beinkamm und die Riemenschnalle aus dem Vier Moor, Zeitpunkte um 200 nach Beginn unserer Zeitrechnung. Daraus scheint man nach der typologischen Methode den Schluss zu ziehen, auch die ändern mit älteren Runen beritzten Objekte seien ungefähr so alt; sie könnten, wo Fundumstände, Runenformen oder Sprache es zu erheischen schienen, allerdings jünger, doch niemals wesentlich älter sein. Ist aber eine solche Folgerung berechtigt? Dürfen wir in ihr etwas Besseres erblicken als einen wohlfeilen Analogieschluss? Der Runenbrauch hat die Zeit der ältesten datierbaren Runenfunde um mehr als anderthalb Jahrtausende überlebt: ist anzunehmen, dass er gerade damals neu aufgenommen war? Dies dürfte offenbar auch dann nicht angenommen werden, wenn das Fehlen älterer Denkmäler als der ältesten datierbaren feststünde. „Denn – sagt Holger Pedersen in dem oben genannten Aufsatz –

wie kann man überhaupt von vornherein erwarten, dass der Zufall es allemal so günstig gefügt haben sollte, dass in jeder Landschaft immer ein paar der allerältesten Inschriften in einem bestimmten Alphabet erhalten geblieben wären?" Er scheint jedoch, dass wir solcher abstrakten Überlegung gar nicht einmal bedürfen. Es gibt Inschriften, deren Alter bei unbefangener Betrachtung als bedeutend höher erscheinen muss, als es gewöhnlich angesetzt wird. An erster Stelle nenne ich die vor einigen Jahren am Nordfjord aufgetauchte Ritzung von Karstad, über die der ausgezeichnete norwegische Archäologe Haakon Schetelig sagt, sie stelle sich als Überraschung dar, isoliert und rätselhaft, und die einzige Anknüpfung an andere Denkmäler bedeute ihr Nachbar und Verwandter, der Stein von Austreim, der aber nicht minder schwierig zu beurteilen sei. Das Schiffsbild von Austreim ähnelt denen von Karstad durch seine Bogenform und seine Doppelsteven. Doppelte Steven zeigen bekanntlich auch die langgestreckte Fahrzeuge der Hällristningar. Da jeder sonstige Anhalt zur Datierung fehlt – zeitlich festgelegte Schiffszeichnungen sind nicht vorhanden –, liegt es am nächste Austreim und Karstad nicht allzu weit diesseits der Bronzezeit zu fixieren, etwa am Anfang der älteren Eisenperiode oder in die Mitte des letzten Jahrtausends vor Christus. Karstad mit H. Wirth geradezu der Bronzezeit zuzuteilen, ist nicht unmöglich, empfiehlt sich aber nicht, wegen der abweichenden Form der Schiffe Die Sprachformen enthalten nichts, was einer solchen Datierung widerspräche, da ihr Lautstand der altertümlichste germanische ist. Das Wort aljamarki (Man-Rune) aber weist für sich allein auf eine sehr frühe Zeit, denn es steht im Germanischen völlig für sich, ist andererseits etymologisch identisch mit keltischem Allobrox und legt durch seinen Inhalt (der aus der anderen Mark) die Vermutung nahe, dass zur Zeit dieser Ritzung die nördliche Mark der Germanen am Nordfjord lag, worauf sich auch der ursprüngliche Sinn des Namens Nordfjord beziehen könnte. Die Runen selbst zeugen insofern im gleichen Sinne, als sie linksläufig angebracht sind: das berührt nicht nur uns Heutige ungewohnt und archaisch, es war auch schon für die klassische Antike etwas Vorzeitliches, denn bekanntlich sind Linksläufigkeit, Furchenwendigkeit und Schlangenwindungen im Mittelmeergebiet auf die allerfrühesten Inschriften – griechische und sabellische – beschränkt.
Der obeliskenähnliche Stein von Tune zeigt alle drei Erscheinungen vereinigt: die Inschrift der einen Seite verläuft in klarem, zweizeiligem Bustrophedon (die zweite Zeile also von rechts nach links), die der anderen

ordnet ihre drei Zeilen furchenwendig und schlangenwindig zugleich und nähert sich dadurch, wie schon Wimmer bemerkte, auffallend einer griechischen Inschrift von Naxos. Die Sprache ist ältestes Germanisch bis auf die Form dalidun (wenn wir diese nicht mit Bugge und den meisten anderen Erklärern zu dailidun ergänzen); aber der Übergang des indogermanischen e in das weitverbreitete germanische a ist in sämtlichen urnordischen Inschriften, die diesen Laut enthalten, bereits vollzogen und kann regional beliebig alt gedacht werden. Im Einzelnen spricht Mehreres für sehr frühe Entstehung, so singoste-Rit (zu lat. senex, got. sineigs), Wodurida-Rit und besonders der Name von Wodurids Sohn Wiwa-Rit, der vermutlich das Maskulinum zum Neutrum altnord. vif (Weib) darstellt und wie dieses undurchsichtig – nach seinem appellativischen Sinn unbestimmbar – ist. Die Runenformen aus denen man eine Datierung ins VI. Jahrhundert n. Chr. hat gewinnen wollen, können diesen Dienst nicht leisten. Denn der sekundäre Charakter des gabelförmigen K (Y) gegenüber dem winkelförmigen < steht ebenso wenig fest wie der des umgedrehten z (Yr-Rune) gegenüber dem aufrechten (Man-Rune); Yr-Rune ist z. B. auch nordetruskisch (Sondrio), Y altägyptisch und altalemannisch – wenn der Ausdruck gestattet ist –, nämlich mehrfach enthalten in einer Speerblattinschrift bei Veeck, Die Alemannen in Württemberg, S. 82 und S. 303 (Männergrab 2). Wie wenig der große Bugge, der diese Beobachtungen vorbrachte und sie mit dem *Man* der Brakteaten und dem *Yr* der Inschrift von Varnum zu einem Ergebnis zu verarbeiten suchte, selber dem getraut hat, scheint schon daraus hervorzugehen, dass er sie kurz und bescheiden ans Ende einer weitläufigen Behandlung des Tunesteins gestellt hat – als recht deutliche Verlegenheitsauskunft. So darf denn Tune auf uns Heutige von neuem den ungestörten Eindruck sehr hohen Alters machen. Nur den im Entlehnungsdogma und in der unbegründeten Vorstellung Befangene, die Runenkunst müsse sich von Dänemark nach der bergigen Skandia verbreitet haben und die Furchenwendigkeit etwas Jüngeres sein, kann diesen Stein von der Gruppe der ältesten Inschriften ausschließen wollen.

Das gewichtigste Zeugnis aber für das hohe Alter, wenn nicht der Denkmäler, so der Schrift, die sie enthalten, stellt diese selber dadurch dar, dass ihre bezeichnenden eckig-spitzwinkligen Formen mit senkrechten Stäben bei den südlicheren Indogermanen wiederkehren, und zwar ebenfalls als die ihrer ältesten oder ursprünglichen Schrift. Es handelt sich, wie wir sahen, um Griechen, Italiker und Kelten; denn die Namen etruskisch und nordetruskisch dürfen nicht darüber täuschen, dass wir es im ersten Falle mit italischen, im zweiten mit gallischen Inschriften zu tun haben, worauf in einem großen (dem größten?) Teil der Fälle schon die Sprache hinführt. Wie in Germanien die lateinischen Buchstaben an die Stelle der Runen getreten sind so haben sie in Italien und Gallien die älteren, runischen Formen verdrängt, und so hat in Griechenland die klassische Hellenenschrift ihre runische Vorgängerin abgelöst. Überall weicht das Spitzige, Schiefwinklig-Unsymmetrische vor dem Rundlichen, Rechtwinklig-Symmetrischen, und zwar im östlichen Mittelmeer eher als im westlichen, hier eher als in Nordeuropa. Das ist keine Theorie und kein Postulat; es geht empirisch und zwanglos aus dem Gegebenen hervor, und so lebt es im allgemeinen Bewusstsein als die im Südosten anhebende Geschichte. der Schrift. Was diese sich verbreitende Schrift – die moderne Schrift, wie wir sie nennen können, vorfand, waren die Runen, ein altgemeinsamer Besitz der europäischen Kentumvölker, ein Zeichensystem, für dessen unmoderne Eigenart nach Bredsdorff und Wimmer die Holztechnik verantwortlich gemacht werden darf.

Wir kennen bei den südlichen Indogermanen nicht nur runische und runoide Schriftzeichen, auch die Runentechnik ist wenigstens für Italien bezeugt. Nicht nur die Germanen haben Runen auf Stäbe (baculi, kefli) geritzt: im Tempel des Flußgottes Clitumnus in Umbrien wurden auf Stäbe geschriebene Orakelsprüche ausgegeben, die sortes hießen, und durch ebensolche tat die Fortuna primigenia zu Praeneste ihren Willen kund, Stäbe aus Eichenholz, in welche altertümliche Buchstaben eingegraben waren, wie Cicero sagt. Diese literae priscae waren gewiss die unsymmetrischen altitalischen; haben doch die Römer auch das Wort Rune gekannt, das Venantius Fortunatus ganz im germanischen Sinne gebraucht (barbara runa), wohl ohne es aus dem Germanischen zu entlehnen, denn anderswo ist ein archaisch-lateinisches runa Wurfspieß überliefert, dessen offenbar übertragene Bedeutung sich aus der spieß- oder pfeilähnlichen Gestalt der altinschriftlich reich belegten Tyr-Rune leicht erklärt. Die Italiker haben also mit den Germanen nicht nur die Runenformen und ihre Anwendung, sondern auch den Namen für sie gemein gehabt. Bekanntlich stehen sie ihnen auch sonst sprachlich, besonders lexikalisch und syntaktisch, nahe.

Der Vergleich der ältesten Schriftzeichen unserer Kentum-Völker ergibt als ihren gemeinsamen Besitz nicht unmittelbar ein vollständiges Alphabet, ein System zum erschöpfenden graphischen Ausdruck der Sprache. Aber er liefert mittelbar dieses Ergebnis, da die germanischen, keltischen, italischen und altgriechischen Runen (sit venia verbo!) sich in ihren Lautwerten ebenso gleichen wie in ihren Form und dadurch ihr Charakter als Lautzeichen erhärtet wird. Es ist ja nicht anzunehmen, dass die Vorfahren der genannten vier Stämme nur einen Teil der Laut für das Auge bezeichnet hätten, und gerade denjenigen, dessen Bezeichnungen uns zufällig bei ihnen allen in übereinstimmenden, holztechnisch anmutenden Formen erhalten sind, um so weniger, als ihre Nachkommen ausnahmslos vollständige Alphabete besitzen. Das indogermanisch-runische Uralphabet darf also ebenso als Tatsache gelten wie die Einheit der Indogermanen und innerhalb ihrer die der Kentumvölker selbst, obgleich eine genaue Bestimmung jedes einzelnen seiner Zeichen und von deren Reihenfolge ebenso unmöglich ist wie eine vollständige und widerspruchsfreie Rekonstruktion der indogermanischen Ursprache oder etwa der gemeinsamen Mutter der Kentumsprachen.

Wo mag dieses Uralphabet entstanden sein? War es aus dem nicht-indogermanischen Orient hereingekommen oder eine Eigenschöpfung der Völker, bei denen wir es finden, bzw. ihrer gemeinsamen Vorfahren?

Wimmer sprach, einer alten Lehrmeinung getreu, von einem unumstößlichen Beweis für die Abstammung der altgriechischen Buchstaben von den phönizischen und erblickte ihn, abgesehen von der Nachricht bei Herodot V, 58, in der Übereinstimmung zwischen den griechischen und semitischen Buchstabennamen und -formen. Diese Übereinstimmung soll nach ihm in völlig eindeutiger und überzeugender Weise hervortreten bei einem Vergleich des griechischen Alphabets auf dem Fuß der als etruskisch geltenden sogenannten Vase von Caere mit den 22 Zeichen auf einer Steinsäule aus dem IX. Jahrhundert v. Chr., die dem moabitischen Könige Mesa ihren Ursprung verdankt. Der Augenschein bestätigt das kaum. Denn jene Randinschrift sieht mehr runisch aus als moabitisch! Die ganze Vase – auch das in ihren Bauch geritzte sogenannte etruskische Syllabar – macht den Eindruck, mit Runen beschrieben zu sein und nicht mit moabitischen oder semitischen Buchstaben. Allerdings finden sich Ähnlichkeiten auch mit diesen, so beim d, h, ζ, ή, υ, beim O, φ, ς und einigen anderen Zeichen, und auch die Reihenfolge ist dieselbe, abgesehen davon, dass die griechische Folge um vier Zeichen länger ist. Dazu kommen die auffallenden Entsprechungen der Buchstabennamen (hebr. aleph = alpha, beth = beta, daleth = delta usw.). Ob aber dies genügt, die semitische Abstammung des hellenischen Alphabets und weiterhin die semitische Quelle der europäischen Schriftarten als bewiesen hinstellen zu

dürfen, das darf besonnene Betrachtung wohl bezweifeln. Die Zusammenhänge sind nicht zu leugnen, und bei der Undeutbarkeit der griechischen Buchstabennamen aus dem Indogermanischen liegt die Wahrscheinlichkeit auf der Hand, dass sie semitischen Ursprungs sind. Auch die bis heute geltende Buchstabenfolge wird bei ihrer Abweichung von derjenigen der Runen semitischer oder sonstwie fremder Herkunft sein. Aber dass von den Buchstabenformen und von der Lautschrift als solcher dasselbe gelten sollte, leuchtet keineswegs ein – so gewiss es bis auf diesen Tag zur opinio communis sozusagen ganz Europas zu gehören scheint.
Eine Möglichkeit der Erklärung des einigermaßen verwickelten Verhältnisses zwischen indogermanischer und semitischer Schrift wäre diese: das moabitische h´eth

gleicht der h-Rune mit doppeltem Querbalken, wie seine cyprische Nebenform

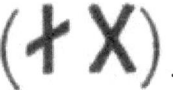

dem nordetruskischen h gleicht; auch das cyprische Lämed (eine umgedrehte Laf-Rune) sieht runisch bzw. indogermanisch aus; moabitische Daleth, Nun, Res, Sin (Δ, N, ᕍ, W) zeigen ebenfalls den Stil der Runen, und Taw hat in Cypern eine unleugbar runoide, schiefwinklige Form

$$(\mathsf{+\,X}).$$

Das spricht dafür, dass nicht nur diese runenhaft anmutenden, sondern alle altsemitischen Buchstaben auf indogermanischer Grundlage gebildet sind. Die abweichenden Formen, Reihenfolge und Namen wären dann Zutaten der Semiten, die ihrerseits auf die indogermanische Welt zurückgewirkt hätten; auch von den Formen könnte dies gelten, da moabitisch He rechte

Winkel und moabitisch Lamed, Ajin, Quoph Rundungen aufweisen, worin vielleicht der Ursprung des neueren Buchstabenstils gesucht werden darf. Diese Folgerung hat sich mir aufgedrängt, ehe ich fand, dass Diodor V, 74 etwa dasselbe sagt: nach ihm behaupteten die Kreter, dass die Phönizier nicht die Schriftzeichen zuerst erfunden, sondern nur deren Gestalt verändert hätten (H. Wirth, Der Aufgang der Menschheit, S. 400). Wenn man früher die Frage meist ganz anders angeschaut und von der restlosen Ursprünglichkeit der altsemitischen Schrift gegenüber den indogermanischen Schriftarten als von etwas zweifellos Gegebenem ausgegangen ist, so liegen die Gründe dafür nicht ausschließlich in den biblischen Vorurteilen, die schon für Worm maßgebend waren. Auch chronologische Erwägungen haben mitgewirkt: die Siegessäule des Moabiterkönigs und vollends die 1906 von Flinders Petrie entdeckten Sinai-Inschriften, die man vor 1500 v. Chr. datiert, schienen mit ihren Daten ausgesprochen vor die Zeit zu fallen, wo die Hellenen im Besitze der Schreibkunst sich befanden oder doch diese bei ihnen nachgewiesen ist. – Trifft aber der hier vorgetragene Gedankengang das Richtige, haben die Übereinstimmungen zwischen den ältesten Alphabeten der Kentumvölker das Gewicht, das ich ihnen zuschreibe: so können die von Norden her in die Küstenländer des östlichen Mittelmeerbeckens einwandernden Indogermanen, wie sicher ihre Sprache, ihre Hausform und wichtige Bestandteile der späteren hellenischen Religion, so auch ihre Schrift bereits mitgebracht haben. Sie können: denn möglich ist es auch, dass sie erst in der neuen Heimat Bekanntschaft mit der Schrift machten und diese an ihre Stamm- und Sprachverwandten nördlich des Balkans weitergaben. Da jedoch diese Möglichkeit mangels eines einleuchtenden Vorbildes rein theoretisch bleibt, wird man es vorziehen, die Heimat der Schrift dort anzunehmen, wo die Niederschläge ihrer altertümlichsten Gestalt am dichtesten gesät und am besten erhalten sind: im Gebiete der Runen-, einschließlich der Futharkfunde. Hierfür spricht auch ein bekannter, plausibler Gesichtspunkt der Pflanzengeographie: die runenähnlichen Befunde in den Südländern gleichen aus dem Stammlande verwehtem Samen. Auf das hohe Alter, das hiernach für die Schrift in Nordeuropa vorausgesetzt werden muss, weisen außer der Undatierbarkeit einer Anzahl skandinavischer Steininschriften auch einige isolierte vorgeschichtliche Funde hin, so besonders zwei bronzezeitliche, wenn nicht gar steinzeitliche Anhänger von Schwarzort in Ostpreußen mit den Runen Othil, X und Man, also den vorletzten Runen der drei oettir nach den ältesten Lautinschriften

172

der Nordlande: hier scheint somit der vollständige ältere Futhark in seiner bekannten Ordnung bezeugt zu sein. Häufiger als leibhaftige Runen finden sich prähistorisch runenähnliche Zeichen, so in der Höhle unterhalb der Externsteine am Teutoburger Wald das vielberufene Ideogramm

das unter den in Ton geritzten Prädynastikerzeichen Altägyptens wiederkehrt. Letztere muten auch sonst stark runisch an und enthalten außer

und

mehrfache Man-Rune, ferner Fa (= runischem a), Man-Rune (= runischem k,s.o.), Not-Rune (= runischem n), Sig-Rune (= runischem s), Othil-Rune (= runischem 0) Übereinstimmungen, die schwerlich auf Zufall beruhen können und daher eine Deutung erheischen. Zu einer solchen verhilft uns die alt ägyptische Überlieferung selbst, denn sie weiß von räuberischen Seevölkern oder Nordvölkern zu erzählen, offenbar Vorläufern der Eruler, Wendeln und Waräger. Haben diese Leute das Hethiterreich gestürzt und die mykenische Kultur vernichtet, so schließt das keineswegs aus, dass unter ihnen Schrift kundige waren, die auf Grabgefäßen in Abydos und Nagada ihre Handschrift hinterließen in unverkennbar indogermanischen oder runischen Zügen. Wenn ihre Datierung vor die erste Dynastie – also vor den Zeitpunkt der Begründung dieser durch König Menes um 3315 v. Chr. – richtig ist, so zeigen sie klar, dass die Linearschrift den Hieroglyphen vorausliegt und folglich auch dann nicht aus dieser entstanden wäre, wenn die Zurückführung des phönizischen Alphabets auf die alt ägyptische Bilderschrift an sich einleuchten könnte. Der indogermanisch-runische Schrifttypus ist älter nicht nur als der phönizisch-semitische, der so lange als seine Quelle gegolten hat, sondern auch als dessen angebliches Muster, der ägyptisch-hieroglyphische – mögen auch die semitischen Buchstabennamen zum Teil in der Bilderschrift ihre Erklärung finden (so hebr. beth, das Haus bedeutet).

Wie und von wem er erfunden worden ist, wird niemals festgestellt werden können. Aber wie die vergleichende Sprachwissenschaft eine höhere Stufe erstieg, als man darauf verzichtete, eine Sprache für die Quelle der anderen zu halten, und den Begriff der Urverwandtschaft fand, so dürfte von der vergleichenden Schriftforschung dasselbe gelten.

14. Von Loki übermittelt:
Aus Simeks „Lexikon der germanischen Mythologie"

Riesenbaumeister

Das Märchenmotiv vom Riesenbaumeister, der um seinen Lohn geprellt wird, findet sich in der nordischen Mythologie bei Snorri (Gylf 41), wo er vom Bau von Asgard (Shamballa) berichtet; Asen versprechen einem Riesen Freyja zur Frau, wenn er ihnen innerhalb eines Winters die Götterburg bauen würde; er schafft es auch beinahe mit Hilfe seines Riesenpferds Svadilfari, aber Loki verwandelt sich in eine Stute und hält den Hengst damit in letzter Minute von der Arbeit ab, was zur Geburt des Odinsrosses Sleipnir führt. Den Riesen erschlägt Thor mit seinem Hammer. Die Geschichte vom Riesenbaumeister findet sich aber auch in europäischen Volksmärchen und sogar in zwei Isländersagas (Heidarviga saga 3-4, Eyrbyggjasaga 25,28), weswegen man in jüngerer Zeit Snorris Bericht als Mythologisierung eines Wandermärchens hat sehen wollen (Harris). Die Märchenvarianten entbehren aber eines wichtigen Details der mythischen Erzählung bei Snorri: nämlich Lokis Verwandlung und die Geburt Sleipnirs. Da Snorri als Quelle Voluspa 25 und 26 sowie Voluspa in skamma (Hdl 40) verwendete, wäre denkbar, dass er die Mythenabbreviatur „Loki zeugte mit Svadilfari den Sleipnir" selbständig ausbaute und um das Märchen vom Riesenbaumeister bereicherte; wahrscheinlicher scheint aber die Annahme, dass Snorri uns hier eine ihm noch bekannte vollere Version des Mythos von Sleipnirs Geburt und dem Bau von Asgard tradiert.
Nachtrag: Eine zentrale Stellung gibt Richard Wagner in seiner Oper „Das Rheingold" der Geschichte vom Riesenbaumeister, wobei er die Zahl der Riesen auf zwei verdoppelt und Svadilfari weglässt.

Rigr

Eine altnordische Bezeichnung, ist der Gott, der in der Rigspula die Ahnen der drei Stände Sklaven, Bauern und Adel zeugt. Die aus dem 14. Jahrhundert stammende Prosaeinleitung der Rigsthula im Codex Wormianus berichtet, dass es der Asengott Heimdall war, der den Namen Rigr annahm; zur Stützung dieser Deutung wird auch die erste Strophe der Völuspa herangezogen, wo die Menschen meiri oc minni mögo Heimdalar

(„die hohe und niedre Verwandtschaft Heimdalls") genannt werden, was aber durchaus auch allgemein gemeint sein kann. Das Bild des unter einem Decknamen wandernden, die Menschen aufsuchenden und schließlich einem Erwählten unter ihnen die Kenntnis der Runen mitteilenden Gottes passt jedoch viel besser zu Odin, der also wohl ursprünglich mit Rigr gemeint war. Rigr stammt aus dem irischen ri, gen./dat./akk. rig „König", hatte diese Bedeutung aber zum Zeitpunkt der Abfassung der Rigspula schon verloren, denn sonst hätte das Wortspiel konr ungr/ konungr in der Rigspula wohl kaum die Pointe bilden können; Sturtevants Deutung von Rigr als einheimisches Wort zu einem altnordischen rigr „Steifheit" ist unwahrscheinlich.

Rigsthula

(Rp. altnordisch Rigspula „Merkgedicht von Rig") ist der Titel eines Eddagedichtes, das nur bedingt unter die Götterlieder zu zählen ist. Zwar tritt ein Gott namens Rigr als Protagonist der Handlung des ersten Teils auf, und das Lied gibt sich auch den Anstrich eines Mythos von der Frühgeschichte der Menschen. Dennoch handelt es sich eigentlich um ein Beispiel ständedidaktischer Dichtung, wie ja auch der Titel des Liedes andeutet, denn es enthält zwar auch Namenslisten (Thulur), aber Thula bezieht sich hier wohl auf didaktische Literatur im allgemeinen.
Die Rigsthula erzählt, wie der Gott Rigr auf Erden wandelt und drei (kinderlose) Ehepaare besucht, bei denen er sich jeweils drei Tage aufhält. Dem ersten Paar, Ai und Edda (Urgroßvater und Urgroßmutter) entspringt aus seinem Besuch ein Sohn namens Praell (Knecht), der mit seiner Frau Pir (Magd) Kinder mit Namen wie Kleggi, Fjösnir, Arinnefja (Heuhaufen, Kuhstall, Adlernase) u. a. zeugt. Rigs zweiter Besuch gilt Afi und Amma (Großvater und Großmutter) und der dabei gezeugte Sohn heißt Karl (Mann, Bauer), Seine Kinder mit seiner Frau Snor (Schnur) tragen Namen wie Smidr, Drengr, Bondi (Schmied, Kerl, Bauer) u. a. m. Rigs dritter Besuch schließlich gilt dem Paar Fadir und Modir (Vater und Mutter), der Sohn wird hier Jarl (Krieger, Fürst) genannt; diesem lehrt Rigr Runenweisheit, nimmt ihn als Sohn an und nennt ihn Jarl-Rigr. Jarls Ehe mit Erna (die Tüchtige) entspringen Kinder mit Namen wie Adal, Barn, Sonr (Adel, Kind, Sohn), der jüngste heißt Konr ungr (junger Nachkomme). Dieser übertrifft nun seinen Vater an Weisheit und übernimmt den Namen Rigr. Der verlorene Schluss des Liedes dürfte als

176

wortspielerische Pointe den Übergang von Konr ungr zu konungr (König) enthalten haben.

Auch Rigr bedeutet aber Konig (aus irisch ri, gen./dat./akk. rig). Verschiedene Motive des Lieds hielt man für keltisch und stellte deswegen die Rigsthula ins 10. Jahrhundert. Seit Heusler sieht man in der Rigsthula jedoch eine gelehrte Arbeit des 13. Jahrhundert, in der ein gebildeter isländischen Verfasser eine ätiologische Deutung vom Ursprung der Stände vorlegte. Es liegt hier also eine Art künstlicher, nachgedichteter Mythos vor, ein „mythos philosophicus" (Heusler).

Im Gegensatz dazu sieht Fleck die Rigsthula als kultisch-funktionelle Dichtung, welche die Individualweihe und die damit verbundene Wissensvermittlung in der Sukzession des Sakralkönigtums reflektiert.

Ob Rigr, wie in der späteren Prosaeinleitung des Liedes, mit dem Gott Heimdall identifiziert werden kann, ist höchst fraglich; das Bild vom wandernden, Runenwissen verbreitenden Gott scheint sich eher mit Odin zu decken.

Runen

sind germanische Schriftzeichen, die etwa um den Beginn unserer Zeitrechnung von Germanen, die im Süden mit den Römern in Kontakt kamen (Heruler), aus Alphabeten der Mittelmeersprachen, aber auch aus älteren germanischen Symbolzeichen, gebildet wurden. Bis zum 5. Jahrhundert hat sich eine weitgehend einheitliche Runenschrift, aus 24 Zeichen bestehend, entwickelt, die nach den ersten 6 Zeichen als Futhark (älteres) bezeichnet wird. Gegen die Mitte des 8. Jahrhundert beginnen sich Änderungen der Runenschrift durchzusetzen, und die große Masse der wikingerzeitlichen und mittelalterlichen skandinavischen und britischen Runeninschriften sind im nur 16 Zeichen enthaltenden jüngeren Futhark abgefasst. Länge, Art und Zweck der Runeninschriften sind sehr unterschiedlich und reichen von einzelstehenden Begriffsrunen auf Waffen und Amuletten bis zu der umfangreichen Inschrift des schwedischen Röksteins, die über 750 Zeichen enthält. Runen finden sich fast überall, wo Germanen hinkamen, von Island bis nach Konstantinopel, und waren die gängige Schrift vor allem der Skandinavier der Wikingerzeit.

Runen sind aber nicht nur Buchstaben im heutigen Sinn. Jede Rune trug einen bestimmten Namen und konnte allein auch den mit dem Namen bezeichneten Begriff vertreten, besonders im magischen Kontext. So sind die drei wiederholten t-Runen (Tyr-Runen) nach der eigentlichen Inschrift auf dem Brakteaten Seeland II als dreimalige Wiederholung des Namens Tyr, des alten Kriegsgottes, zu sehen, der damit um Sieg gebeten wird; auch in der Edda wird in Sd 6 die zweimalige Nennung Tyrs beim Ritzen von Siegrunen empfohlen. Die dreifache Ritzung der f-Rune (Fe-Rune; fe: Besitz, Reichtum) als Wunsch für Glück und Reichtum hat ähnlich magischen Charakter. Auch im Schadenszauber konnten Runen verwendet werden, so droht in den Skm 36 Freyrs Diener Skirnir der Geror damit, dass er ihr „einen Thursen ritzen werde", womit die th-Rune (Thurs-Rune) gemeint ist, und sagt gleich dazu, dass die dreifache Ritzung dieser Rune für sie Schande, Irrsinn und Unrast zur Folge haben werde. Beispiele dieser Art sind zahlreich und zeigen deutlich die magisch-religiöse Bedeutung der Runen. Dass die Runen manchmal wohl auch einen Zahlenwert hatten, der einer Inschrift einen weiteren versteckten Schriftsinn geben konnte, hat Klingenberg gezeigt, allerdings überschätzte er wohl den Einfluss dieser Zahlensymbolik auf die Runeninschriften.

Gott der Runenkenntnis und der Runenmagie ist Odin; in der mythologischen Dichtung (Hav) hat er sich durch Odins Selbstopfer die Kenntnis der Runen erworben, indem er neun Nächte ohne Speis und Trank am „windigen Baum" hing. Nicht nur die entsprechende Anwendung, sondern auch der Erwerb der Runenkenntnis hatte also magischen Charakter, und Odin als Zaubergott war daher der Erstbesitzer der Runenkunst, so wie er auch die Dichtung für die Menschen erworben hat. Dementsprechend spricht auch der schwedische Runenstein von Noleby (um 600) ebenso wie der jüngere Stein von Sparlösa von den „Runen, die von den Göttern stammen" (rünaR raginukundu), eine Formel, die sich auch in den eddischen Hav 80 findet.

Versuche, auch die älteren Runen als völlig wertfreie weltliche Schrift zu sehen, die keinerlei magische und religiöse Bedeutung hat, gibt es dennoch bis in die jüngste Zeit (Moltke), können aber kaum ernst genommen werden.

Runeninschriften

finden sich aus dem Zeitraum vom ersten Jahrhundert bis zum Spätmittelalter, und zwar auf allen möglichen Gegenständen und für vielfaltige Zwecke. Zu den ältesten Runeninschriften zählen die auf den Helmen von Negau (Windische Bühel; heute Slowenien), welche

Personennamen oder auch Götternamen tragen; Inschriften der Völkerwanderungszeit tragen häufig magische Runeninschriften, wobei die Runenwörter alu und laukaR (Lauch) häufig auftreten; solche magische Runeninschriften finden sich auf Brakteaten, Waffen und Fibeln; besonderen Wert für die Religionsgeschichte hat die Nordendorfer Fibel, da sie drei Götternamen nennt, was sonst in Runeninschriften selten geschieht. Die skandinavischen Runensteine der Wikingerzeit, welche vorwiegend Gedenk- oder Grabsteine waren, tragen oft auch längere Runeninschriften, die mitunter ebenfalls Mitteilungen über das Glaubensleben machen, so etwa die wiederholt belegte Formel „Thor weihe diese Runen" (Mjöllnir), oder in Form von mythologischen Szenen auf Bildsteinen. Im Mittelalter nehmen die Runen alle Merkmale einer Gebrauchsschrift an, die zu privatem wie geschäftlichem Gebrauch verwendet wurde, und sogar in den christlichen Glauben Eingang fand, wie Kreuze mit runischen Gebeten zeigen. Wenn Götternamen in heidnischen Runeninschriften auch nicht häufig vorkommen, so sind Runeninschriften doch von großem Wert für die Religionsgeschichte, da sie uns einen Einblick in den lebendigen Glauben des germanischen Altertums bieten.

Runenzauber

nennt man die mit dem Gebrauch von Runen verbundene Form von Magie. Allerdings ist diese Verbindung offenbar keine ursächliche, da nur auf Objekten vor dem Ende der Wikingerzeit mangels anderer Schriften auch Zaubersprüche durchwegs in Runen überliefert sind, während im Mittelalter sowohl auf Amuletten als auch anderen schriftlichen Ausformungen von Magie Runen und das lateinische Alphabet durchaus wechseln können. Die literarischen Hinweise auf Runenzauber in den Sagas (Egils saga 57 und 72, Grettis saga 59) und wohl auch im Eddalied Skirnismal dagegen dürften bereits gelehrte Rekonstruktionen historischer Anwendung von Runen und Magie sein, so sieht es zumindest die wissenschaftliche Seite.

Weitere Bücher aus dem Christof Uiberreiter Verlag:

Das goldene Blatt der Weisheit
Seila Orienta/Franz Bardon

Zum ersten Mal in der okkulten Literatur wird die 4. Tarotkarte des Hermes Trismegistos verständlich beschrieben und offengelegt. Sie beinhaltet unbekannte Konzentrations- und Meditationsübungen. Des Weiteren gibt sie Hinweise und erklärt die Unterschiede zwischen Magie und Mystik und Gefahren des einseitigen Weges. Am Ende steht die Verbindung mit der universellen Gottheit, dem Herrn der Sonnensphäre, welcher quabbalistisch „Metatron" genannt wird.

*

5. Tarotkarte – Mysterien des Steins der Weisen
Seila Orienta/Franz Bardon

Dieses Buch stellt die Vorderseite der Alchemie dar, die die einzelnen praktischen Übungsschritte erklärt, ohne die verschlüsselten Mystifikationen der alten Alchemisten auch nur annähernd zu erwähnen, wie man es aus den anderen Büchern des Franz Bardon kennt. Es wird erklärt, dass ohne vollkommene Beherrschung der 4 Elemente keine Alchemie möglich ist. Des Weiteren wird mit den einzelnen Ebenen, mit den Matrizen, dem elektromagnetischen Fluid usw. gearbeitet. Doch den Hauptpunkt stellen die göttlichen Eigenschaften wie z. B. die Allmacht dar, mit denen der Göttliche Stein der Weisen durch gewisse Übungen geladen wird.

*

Talismanologie und Mantramkunde
Seila Orienta/Franz Bardon

Zum ersten Mal werden hier (magisch) geladene Mantrams – Gebetssätze – preisgegeben, welche bei nötiger Reife, Ausgeglichenheit und Reinheit durchdringende Erfolge versprechen. Mantrams sind ja nach Bardon nicht irgendwelche „Suggestionssätze", sondern sie sind Ideenausdrücke, mit denen man mit Mächten, Kräften, Eigenschaften, also Gottheiten, in Verbindung kommen kann. Gleichzeitig werden die dazugehörigen Siegelzeichen der göttlichen Ideen preisgegeben, welche im rituellen

Zusammenhang mit den Mantrams stehen. Ein Buch, das nicht nur die Hermetiker, sondern auch die Anhänger der Yogawissenschaften inspirieren wird!

*

Eine Sammlung der schönsten und lehrreichsten Beschwörungsgeschichten
Hohenstätten

Dieses Buch ist einzigartig, denn es zeigt den zweiten Band von Franz Bardon an Hand von interessanten Evokationsberichten, die genau das bestätigen, was Bardon in seinem Buch geschrieben hat, und noch darüber hinaus. Es werden sensationelle Erlebnisse geschildert, die man sonst niemals findet. Auch aus unveröffentlichten Schriften wird zitiert.

*

Verkörperungen des Meister Arion
Hohenstätten

Man wird beim Lesen dieses Buches nicht glauben, wie viele bekannte und unbekannte Inkarnationen Franz Bardon hatte. Die paar, die im „Frabato" bekannt gegeben wurden, stellen nur einen geringen Teil seiner Verkörperungen dar. Wir mussten, da es dermaßen wenig Literatur über die Verkörperungen gab, wieder Hunderte und Aberhunderte von Büchern, Aufsätzen, Zeitschriften und Artikeln durcharbeiten, bis wir genügend Material für dieses Buch hatten. Aber der Leser wird sich beim Lesen sicherlich über unsere Arbeit freuen, denn sie wird ihn in Erstaunen versetzen!

*

Shamballa, der goldene Tempel des Lichts
Hohenstätten

Dieser Tempel dürfte jeden Leser von Bardons Roman „Frabato" fasziniert haben. Dass es aber in der okkulten Literatur noch viel mehr Informationen darüber gibt, die man aber nur findet, wenn man alles Veröffentlichte gelesen hat, dürfte dem einen oder anderen unbekannt sein. Es wurden wieder ganze Stöße von Büchern durchgesehen und das Ergebnis wird hier veröffentlicht. Es wird aber gleichzeitig darauf hingewiesen, wie viel Schundliteratur es darüber gibt, wie viel Lügen im Umlauf sind, damit sich der Schüler der Hermetik ein klares Bild machen kann. Wir bringen in diesem Buch alles, was wir an Material darüber gefunden haben, und es wird auch noch einiges aus der eigenen Erfahrung, was das Wertvollste ist, mitgeteilt. Nicht nur über den Tempel wird berichtet, sondern auch über die damit verbundene „Bruderschaft des Lichts", deren Sitz er darstellt.

*

Auf der Suche nach Meister Arion
Hohenstätten

Diese Autobiographie eines Schülers der Hermetik des Franz Bardon schildert sein magisches Leben, in welchem zahlreiche Erfahrungen zu den Übungen aus dem Adepten geschildert werden, die die Hauptperson selbst erlebt hat. Es wird der schwere Weg des Adepten aus autobiographischer Sicht gezeigt, seine vielen Tiefschläge, aber auch seine glanzvollen Seiten und Zeiten. Der harte Kampf mit dem Seelenspiegel wird bis in alle Einzelheiten aufgezeigt, genauso wie die vielen anderen Wege, in welche der Autor reinschnupperte, um dadurch reichlich Erfahrung sammeln zu können. Darüber hinaus enthält es unzählige Erfahrungen und Berichte betreffs Mantramistik nach Bardon, die wahre Runenmagie, zahlreiche Evokationen sowie Invokationen mit seinem Lehrer Anion, einen magischen Exorzismus, wie er bisher noch nie öffentlich geschildert wurde. Mentalreisen, Beeinflussungen, Übungen zur Gottverbundenheit, Erscheinungen, Alchemie, Heilungen mit den verschiedensten magischen Methoden z. B. Quabbalah oder durch die Elemente, Schutzgeistevokationen und viele andere magische „Wunder" seines Freundes und Lehrers Anion. Auch einige magische Fotos in Farbe, ein bisher von Bardon unveröffentlichtes Akashafoto von Christus und ein Bild des schwebenden Meister Arion werden in diesem Buch preisgegeben. Der Inhalt ist viel reichlicher, als hier kurz beschrieben werden kann.

*

Magisches Gleichgewicht
Hohenstätten

Dieses Buch zeigt eindeutig, dass in allen anderen Systemen das „Gleichgewicht" genauso gebraucht wird, wie bei Bardons Werken. Er war nicht der Einzige, der das erwähnte, aber er war der erste, der es deutlich erklärte, denn die anderen Systeme sprachen nur durch das Symbol, welches nicht jedem Leser verständlich war. Obendrein bringen wir noch

Unveröffentlichtes vom Meister Arion zu dieser Grundlage der magischen Entwicklung.

*

Das Leben und die Erfahrungen eines wahren Hermetikers
Seila Orienta

Diese Autobiographie eines Magiers ist unübertroffen, denn bis jetzt hat kein einziger okkult Geschulter so offen und ehrlich gesprochen wie Seila Orienta. Er gibt in diesem Werk sein Leben bekannt, sowie seine zahlreichen und äußerst interessanten Erlebnisse und Erfahrungen. Es werden auch zum ersten Mal Fotos von Wesen der Sphären gezeigt, welche Franz Bardon höchstpersönlich in den 1920ern gemacht hat. Des Weiteren schreibt Seila Orienta über die Sphären, über Dämonen, Logenkontakte und vieles, vieles mehr, was einem ehrlich strebenden Hermetiker das Herz übergehen lassen wird.

*

Das Leben des Franz Bardon
Hohenstätten

Dieses Buch beschreibt das Leben des Meisters außerhalb des Frabatos, welches seine Sekretärin – Otti V. – geschrieben hat. Es beinhaltet Erklärungen zu seiner „Biografie", weitere Einzelheiten über den Kampf mit der FOGC, seine Beziehung zu Wilhelm Quintscher und anderen Okkultisten, was alles bisher unbekannt war! Des Weiteren werden viele Erlebnisse seiner Schüler in Prag erzählt, verschiedene magische Leistungen und interessante Geschichten Bardons beschrieben, die bis dato unveröffentlicht sind. Es werden auch seine drei Lehrwerke und deren Wirkung auf die Öffentlichkeit von einem anderen, unbekannten Standpunkt geschildert, welcher durch bisher schwer zugängliche Schriften unterstützt wird. Als Krönung wird seine aus dem Tschechischen übersetzte „Runenschrift" zum ersten Mal veröffentlicht. Auch einige Seiten aus anderen unveröffentlichten Schriften von ihm sowie interessante Fotos des Meister Bardon und seiner Freunde werden hier preisgegeben und vieles, vieles mehr.

*

In Verbindung mit der Gottheit
Hohenstätten

Über das Thema der Gottverbundenheit mit all seinen Formen und Methoden wurde bis heute noch nie ein Buch verfasst, geschweige denn eine Schrift geschrieben. Man findet in der okkulten wie in der östlichen Literatur nur spärliche Hinweise, die größtenteils verschlüsselt sind oder so geschrieben wurden, dass man sie kaum versteht. Im Gegensatz dazu wird in diesem Buch offen dargelegt, dass das 1. kleine Arkanum der 78 Tarotkarten die Gottverbundenheit in ihrer Reinform darstellt.

*

Hermetische Heilmethoden
Hohenstätten

Dieses Buch stellt in der okkulten Literatur ein absolutes Unikum dar, denn über die Gesamtheit der okkulten Heilmethoden wurde bis jetzt noch NIE etwas Sinnvolles geschrieben. Es werden alle Heilmethoden erwähnt, die der hermetische Schüler mit Hilfe seiner bisher erlangten Konzentrationsfähigkeit ausüben und verwenden kann.

*

Erste hermetische Zeitschrift

„Der hermetische Bund teilt mit" ist eine der wenigen magisch-mystischen Zeitschriften, welche sich soweit als möglich auf die universelle Lehre von Franz Bardon bezieht. Sie versucht sich an die Gesetze des 4-poligen Magneten zu halten und vermittelt Wissen sowie Hinweise für die Praxis, damit der Leser die Möglichkeit hat, sie in seinen hermetischen Weg aufzunehmen und für sich gewinnbringend zu verarbeiten.

Noch viel mehr hermetische Literatur finden Sie auf unserer Website: http://www.hermetischer-bund.com.

Viel Vergnügen beim Stöbern!

Der Verlag